그래도 희망

extracts from www.vatican.va
© Libreria Editrice Vaticana
Original Title: *On Hope*
Korean translation copyright © 2019 Catholic Publishing House

그래도 희망

2019년 7월 26일 교회 인가
2019년 12월 25일 초판 1쇄 펴냄
2025년 9월 12일 초판 6쇄 펴냄

지은이 · 프란치스코 교황
옮긴이 · 윤주현
펴낸이 · 정순택
펴낸곳 · 가톨릭출판사
편집 겸 인쇄인 · 김대영
편집 · 김지현, 김지영, 박다솜
디자인 · 강해인, 이경숙, 정호진
마케팅 · 임찬양, 안효진, 황희진, 노가영

본사 · 서울특별시 중구 중림로 27
등록 · 1958. 1. 16. 제2-314호
전자우편 · edit@catholicbook.kr
전화 · 1544-1886(대표 번호)
지로번호 · 3000997

ISBN 978-89-321-1668-6 03230

값 12,800원

성경 ⓒ 한국천주교중앙협의회

이 책의 한국어 출판권은 (재)천주교서울대교구 가톨릭출판사에 있습니다.
저작권법에 의해 보호를 받는 저작물이므로 무단 전재와 무단 복제를 금합니다.

가톨릭의 모든 도서와 성물, 디지털 콘텐츠를 '가톨릭북플러스'에서 만날 수 있습니다.
https://www.catholicbookplus.kr | (02)6365-1888(구입 문의)

프란치스코 교황이 전하는 새로운 메시지

그래도 희망

프란치스코 교황 지음 | 윤주현 옮김

가톨릭출판사

일러두기
이 책은 프란치스코 교황님이 2016년부터 2017년까지 하신 강론 말씀을 엮었으며, 책에 실린 교황님 메시지는 독자 여러분의 이해를 돕기 위해 구성이나 표현이 일부 편집되어 있습니다.

추천의 말

"그대의 희망이 하느님의 힘을 기억하는 사람들의 마음에서 영원히 떠나지 않을 것이오."
(유딧 13,19)

사랑하는 형제자매 여러분!

'희망'이라는 단어를 들으면 어떤 것이 떠오르십니까? 기쁨, 앞으로 나아감, 여정, 기다림, 빛……. 여러분 모두 각자 가지고 계신 희망에 대한 여러 이

미지가 있을 것입니다. 이처럼 희망은 우리가 마음속에 어떠한 것을 품고 소망하며, 현재의 삶에서 한 발짝 앞으로 나아가게끔 합니다.

희망은 성경에서도 중요한 상징입니다. 이집트의 지배 아래 신음했던 이스라엘 백성들은 젖과 꿀이 흐르는 가나안 땅을 소망하며 희망으로의 탈출을 소망했고, 메시아를 기다렸던 이들은 아기 예수님의 탄생으로 밝게 빛나는 희망의 별을 보았습니다.

현대 사회는 빠르게 변화하고 있으며, 매 순간 발전해 가는 기술은 우리 삶을 더욱 윤택하게 해 주고 있습니다. 이런 변화가 우리에게 주는 이점도 있지만, 소통 단절과 경쟁 구도의 사회적 분위기를 이

끌기도 하였습니다. 이런 시대의 흐름 안에서 '희망'이라는 단어는 우리에게 아득하고도 머나먼 이야기가 되고 말았습니다.

이러한 우리에게 프란치스코 교황님은 특별히 그리스도인의 희망을 이야기하십니다. 교황님이 말씀하시는 희망은 항구합니다. 또한 그 희망의 여정 안에 주님께서 계신다는 것을 이야기하시며, 우리가 새롭게 희망할 힘을 그분께 얻는다는 것을 분명하게 드러내십니다.

교황님은 성경 속 인물들이 어떻게 희망하였는가에 대해 말씀하십니다. 성경이 말하는 희망은 바로 '기다림'입니다. 그들은 인간적인 희망이 없는 가운데에서도 주님의 말씀을 믿고 희망하며, 그 말씀이 이루어지길 기다렸습니다. 이는 현재를 살아가는 우리에게도 꼭 필요합니다.

우리 삶이 어둠 안에서 방황하고 있을지라도 주님께서는 우리와 함께 계십니다. 그리하여 우리는 그분과 더불어 희망할 수 있는 것입니다.

삶 안에서 주님과 함께 나아가기를 원하는 모든 이들에게 이 책이 새로운 희망을 선사하리라 생각합니다. 교황님께서 우리에게 전해 주시는 그 희망의 메시지로 진정한 희망이란 무엇이며, 주님 안에서 어떻게 희망을 찾을 수 있을지 알 수 있을 것입니다. 그리고 그리스도인이 바라고 지향해야 하는 희망이란 과연 무엇인가에 대한 답을 얻게 될 것입니다.

이 책을 읽는 모두가 진정한 희망을 찾기를 바라며, 우리의 영원한 희망이시며 신앙인의 어머니이신 성모님의 전구를 청합니다.

천주교 서울대교구 교구장
염수정 안드레아 추기경

옮긴이의 말

희망에 대해 전하는 옛이야기 중 하나를 소개할까 합니다. 오랜 옛날 하느님과 천사들이 살고 있을 때입니다. 그때는 사람들의 악행이 도를 넘어서고 있었습니다. 그래서 천사들은 사람들에게 벌을 내리기로 했습니다. 무슨 벌을 내릴까 고심하던 천사들은 '희망'을 숨기는 것이 가장 큰 형벌이란 결론을 내리게 되었습니다. 희망이 없다면 사람들이 가장 큰 고통을 받을 것이라 생각했기 때문입니다.

문제는 희망을 어디에 숨기는가 하는 것이었습

니다. 천사들이 이 문제를 논의하기 위해 오랜 시간 회의를 했지만, 마땅히 숨길 곳이 없어 고심하였습니다. 그때 우두머리 천사가 좋은 묘안이 떠올랐다는 듯이 입을 열었습니다. "희망을 숨길 마땅한 장소를 찾았네." 다른 천사들이 물었습니다. "그곳이 어디인가요?" 우두머리 천사가 대답했습니다. "바로 인간의 마음속일세. 제 아무리 인간들이 모험 정신이 강하고 영리하다 해도, 마음속에 숨겨진 희망을 찾아내진 못할 걸세." 그제야 천사들은 무릎을 치며 우두머리 천사의 말에 동의했다고 합니다. 그리고 희망을 인간의 마음속 깊은 곳에 꼭꼭 숨겨 두었답니다.

여러분은 지금 어디에서 희망을 찾고 있습니까?

오늘을 살아가는 현대인들은 무한 경쟁 시대 속에서 그 어느 때보다 열심히 살아가고 있지만, 아이러니하게도 정작 삶에서 무엇을 희망해야 좋을지 모른 채 무작정 질주하고 있습니다. 현대인들은 과학 기술과 부富가 가져다주는 장밋빛 미래를 그리며 행복을 희망하지만, 정작 국가 이기주의를 비롯해 수많은 국제적인 갈등으로 인해 끊임없는 전쟁의 공포에 시달리고 있습니다. 그 어느 때보다 수많은 문명의 이기를 누리고 있지만 동시에 그 어느 때보다도 암울한 시대 안에 머물러 있습니다. 그래서 끊임없이 좌절하며 어디로 나아가야 할지 모른 채 표류하고 있는 게 우리들의 모습입니다. 현대인들은 그 어느 때보다 진정한 희망의 메시지를 갈망하고 있습니다. 희망이야말로 현대인들에게 구원의 빛을 전해 주는 메시지가 아닐까 싶습니다.

본서는 로마를 순례하며 교황님을 방문한 전 세계의 신자들을 위해 지난 2016년 12월 7일부터 2017년 3월 15일까지 하신 강론을 모은 것입니다. 특히 교황님은 '그리스도인의 희망'이라는 주제로 강론을 하셨습니다. 전례력으로 보면 이 시기는 대림 시기와 주님 성탄 대축일, 사순 시기가 포함됩니다. 교황님은 천상 본향을 향한 그리스도인의 지상 순례 여정을 희망의 관점에서 재해석하여 우리에게 소개하셨으며, 아기 예수님의 탄생을 기다리는 대림 시기와 주님의 부활을 고대하며 그분의 수난에 동참하는 사순 시기 역시 희망을 바탕으로 우리에게 전해 주셨습니다. 그리고 이를 위해 다양한 성경

구절을 비롯해 신약과 구약의 여러 인물과 그에 얽힌 에피소드를 적재적소에 소개하고 계십니다. 독자들은 본서를 통해 희망에 대해 전하는 교황님의 탁월한 강론을 따라가며 마음 깊은 곳에서 인류를 향한 주님의 자비와 용서, 사랑을 발견하는 가운데 어느새 희망하는 자신을 발견하게 될 것입니다.

가르멜 관구 수도원에서
윤주현 신부, O.C.D.

- 차례 -

추천의 말 5
옮긴이의 말 10

제1장
기다림 가운데 희망하다

새롭게 미소 짓다	22
우리가 희망하는 이유	38
새싹이 움트다	52
믿음의 아버지	66

제2장

삶의 어둠 안에서 희망하다

슬픔이 지닌 어두움과 마주하다	82
우상에 대한 믿음	94
두려움의 저편을 넘어	112
희망의 언어	124

제3장

모든 것 안에서 희망하다

기다림의 여정	142
함께 희망하다	156
우리에게 주어진 선물	170
희망의 숨결	182
희망으로의 탈출	194
기쁨 가운데 머무르다	206

제1장

기다림 가운데 희망하다

새롭게 미소 짓다

그리스도인의 희망 1.

"위로하여라. 위로하여라. 나의 백성을."(이사 40,1)

오늘부터 '그리스도인의 희망'이란 주제로 이야기를 나누고자 합니다. 이 주제는 아주 중요합니다. 왜냐하면 희망은 결코 우리를 실망시키지 않기 때문입니다. 때로 근거 없는 거짓된 낙관주의는 우리를 실망시키지만, 그리스도인의 희망은 그렇지 않습니다. 우리는 어두움이 득세하는 이 시대 안에서 악과 폭력의 그림자를 직면합니다. 그래서 수많은 이들이 겪고 있는 고통을 바라보며 나 자신도 길을 잃어버렸다고 느낍니다. 따라서 우리에게는 희망이 더욱 더 많이 필요합니다! 우리는 힘겨운 삶 안에서 길을 잃어버렸다고 느끼는 동시에 용기도 어느 정도 잃어버렸습니다. 나 자신이 무기력하다고 느낄 때, 이 어두움도 사라지지 않을 것처럼 보이기 때문입니다.

그렇다고 희망을 포기하도록 우리 자신을 내버려 둬서는 안 됩니다. 왜냐하면 하느님께서 우리와 사랑으로 함께 걸으시기 때문입니다. "저는 희망합니다. 왜냐하면 하느님께서 제 곁에 계시기 때문입니다." 우리 모두는 그렇게 말할 수 있습니다. 우리 각자는 이렇게 말할 수 있습니다. "저는 희망합니다. 제게는 희망이 있습니다. 왜냐하면 하느님께서 저와 함께 걷기 때문입니다." 그분은 친히 제 손을

잡고 여정을 가십니다. 그분은 우리를 홀로 버려두지 않으십니다. 주 예수께서 악을 물리쳐 이기셨으며 우리에게 생명의 길을 열어 주셨습니다.

이제 특별히 이 대림 시기, 이 기다림의 시기에 우리는 다시 한번 더 강생이라는 위로 가득한 신비, 성탄의 빛을 맞도록 준비합시다. 이 은총의 시기에 희망에 대해 묵상하는 것은 중요합니다. 주님께서 우리에게 희망의 의미를 가르쳐 주실 수 있도록 우리 자신을 그분께 맡겨드리기로 합시다. 그러므로 대림 시기의 위대한 예언자이자, 위대한 희망의 메신저인 이사야 예언자로부터 시작하여 성경의 말씀을 귀 기울여 듣기로 합시다. 이사야 예언자는 자신의 책 제2부에서 다음과 같은 위로의 선포와 함께 백성들에게 외쳤습니다.

위로하여라. 위로하여라. 나의 백성을. 너희의 하느님께서 말씀하신다. 예루살렘에게 다정히 말하여라. 이제 복역 기간이 끝나고 죗값이 치러졌으며 자기의 모든 죄악에 대하여 주님 손에서 갑절의 벌을 받았다고 외쳐라. 한 소리가 외친다. "너희는 광야에 주님의 길을 닦아라. 우리 하느님을 위하여 사막에 길을 곧게 내어라. 골짜기는 모두 메워지고 산과 언덕은 모두 낮아져라. 거친 곳은 평지가 되고 험한 곳은 평야가 되어라. 이에 주님의 영광이 드러나리니 모든 사람이 다 함께 그것을 보리라. 주님께서 친히 이렇게 말씀하셨다."(이사 40,1-5)

하느님 아버지께서는 위로자들을 일으키시고

그들로 하여금 당신 백성에게 용기를 북돋아 주도록 초대하십니다. 그리고 고통과 괴로움이 끝나고 우리 죄를 용서받았다고 선포하시며 우리를 위로해 주십니다. 이러한 메시지는 고통에 억눌리고 놀란 사람들의 마음을 치유해 줍니다. 그래서 이사야 예언자는 사람들에게 주님께서 선사하시는 은총을 잘 받을 수 있도록, 무엇보다 구원에 자신을 열어젖히는 가운데 주님을 향한 길을 준비하라고 청했습니다. 하느님 백성에게 있어서 이 위로는 하느님의 길을 걸을 수 있는 가능성과 함께 시작합니다. 그 길은 광야에서 준비되는 길로, 고향으로 돌아가기 위해 거쳐야 할 올바르고 새로운 길입니다. 이 당시 하느님 백성들은 바빌론에서 유배라고 하는 비극적 상황 속에서 살고 있었습니다. 그런데 이제 그들은 여정을 가로막는 산과 골짜기가 없는 편안하고 넓은 길, 광야 가운데 펼쳐진 평탄한 길을 통해 자신들의 고향으로 돌아갈 수 있다는 소리를 듣습니다. 그러기에 이 길을 준비한다는 것은 모든 장애물로부터 해방되는 구원의 길을 준비한다는 것을 의미합니다.

유배는 이스라엘 민족 역사에서 가장 극적인 사건이었습니다. 이 백성은 유배와 더불어 삶의 터전과 자유와 품위, 하느님에 대한 신뢰마저도 잃어버렸습니다. 그들은 버림받았으며 더 이상 아무 희망도 없다고 느꼈습니다. 그러나 이사야 예언자의 호소는 그들의 마음을 믿음을 향해 새롭게 열어 줍니다. 광야는 사람이 살기 어려운 곳입니다. 그러나 이스라엘 사람들은 그곳에서 삶의 터전뿐만 아니라 하느님께로 돌아갈 수 있는 길을 찾을 수 있었습니다.

우리 또한 바로 그 여정 안에서 새로운 희망을 품고, 미소 지을 수 있습니다. 어둠과 역경 속에서 미소 짓기란 어렵습니다. 하지만 희망은 우리를 하느님께로 인도해 주는 길을 발견하도록 미소 짓는 법을 알려 줍니다. 하느님과 멀어진 사람들의 특징 중 하나는 미소가 사라진다는 겁니다. 물론 외견상 크게 박수를 치며 웃을 수는 있으나, 진정한 미소는 보이지 않습니다. 오직 희망만이 진정한 미소를 짓게 해 줍니다. 그것은 하느님을 만날 수 있는 희망의 미소입니다.

인생은 끝이 보이지 않는 메마르고 넓은 광야

와 같습니다. 하지만 그 여정을 오로지 하느님께 의탁한다면, 인생은 넓고 곧게 뻗은 평탄한 길이 될 것입니다. 희망을 잃지 않는 것, 모든 열악한 상황에도 불구하고 주님을 계속해서 믿는 것만으로 충분합니다. 우리가 아무리 많은 문제와 어려움을 갖고 있다 해도, 어린아이를 보게 되면 마음속에서부터 미소를 짓게 됩니다. 그 순간 천진한 아이의 모습에서 희망을 보기 때문입니다. 그러므로 우리의 삶에서 하느님을 발견하게 해 주는 희망의 길을 볼 줄 알아야 합니다. 그분은 우리를 위해 어린아이가 되셨습니다. 그분은 우리를 미소 짓게 해 주실 것이며 모든 것을 선사해 주실 겁니다!

요한 세례자가 사람들을 회심으로 초대하는

설교에서 사용했던 이야기 가운데 하나가 바로 이사야 예언자의 이 말씀입니다. 그는 이렇게 말합니다. "광야에서 외치는 이의 소리. '너희는 주님의 길을 마련하여라.'"(마태 3,3) 이 음성은 마치 신앙의 위기로 인해 길을 잃어버린 상태에서 절규하는 음성이자, 그 누구도 귀 기울여 들을 수 없는 그런 곳에서(도대체 누가 광야에서 귀 기울여 들을 수 있겠습니까?) 울려 퍼지는 음성과 같습니다.

오늘날 세상은 신앙의 위기 가운데 있음을 부인할 수 없습니다. 사람들은 흔히 이렇게 말합니다. "저는 하느님을 믿습니다. 저는 그리스도교 신자입니다.", "저는 신앙을 갖고 있습니다." 그러나 그들의 삶은 그리스도교적인 삶과는 너무도 멀리 떨어져 있습니다. 그들은 하느님과 너무 멀리 떨어져 있습니다! "나는 믿는가?" "그렇습니다." 라는 물음과 대답에서 신앙과 믿음은 그만 나락에 떨어집니다. 여기서 관건은 하느님께로 돌아가는 데, 자신의 마음을 하느님께로 되돌리는 데, 실제로 그분을 만나기 위해 길을 떠나는 데 있습니다.

그분은 우리를 기다리고 계십니다. 이게 바로 요한 세례자가 전하는 메시지입니다. "준비하십시오." 우리에게 다시 미소를 선사해 줄 아기 예수님을 만날 준비를 하시기 바랍니다. 요한 세례자가 예수님의 오심에 대해 선포했을 당시, 이스라엘 사람들은 로마 제국의 지배 아래에 있었습니다. 그들은 여전히 유배 중에 있던 사람들과 같았습니다. 그들은 고향에서 살고 있으면서도, 자신들의 운명을 쥐고 있던 힘센 점령군의 통치 아래에서 이방인처럼 지내야 했습니다. 하지만 진정한 역사는 힘 있는 자들에 의해 이루어지지 않습니다. 그 역사는 작은 이들에 의해 이루어집니다. 하느님께서 당신의 작은 이들과 함께 쓰시는 역사가 진정한 역사이며 이 역사는 영원히 남습니다. 하느님께서 성모님, 예수님, 요셉 성인, 그밖에 당신의 작은 이들과 함께 이 역사를 써 내려 가십니다. 우리는 세상에 탄생한 아기 예수님 주위에서 이런 작고 단순한 사람들을 찾아볼 수 있습니다. 즈카르야와 엘리사벳을 비롯해 여러 노인, 아이를 낳을 수 없는 여러 여인들, 요셉 성인의 약혼녀이자 젊은 동정녀인 성모님, 그리고 당시에 천대받았던 목동들이 그들입니다. 그들은 비록 작은 이들이지만 그 믿음은 그들을 위대하게 해 주었습니다. 이 작은 이들은 계속해서 희망할 줄 알았습니다. 희망은 작은 이들의 덕입니다. 배부르고 만족한 사람들은 희망할 줄 모릅니다. 여기서 말하는 작은 이들은 하느님과 함께, 예수님과 함께 절망과 고통으로 점철된 고독 가운데 유배를 겪는 광야의 여정에서, 주님의 영광을 발견하게 해 주는, 평탄한 길로 바꿔 주는 작은 이들을 말합니다. 그러므로 우리는 희망이 우리를 가르치도록 우리 자신을 내어 맡겨야 합니다. 믿음으로 주님의 오심을 기다려야 합니다. 그러면 우리 삶의 광야가 무엇이든(우리 각자는 자신이 어떤 광야를 걷고 있는지 잘 알고 있습니다.) 꽃이 만발한 정원으로 바뀌게 될 것입니다.

희망은 결코 우리를 저버리지 않습니다!

우리가 희망하는 이유

그리스도인의 희망 2.

"얼마나 아름다운가, 산 위에 서서 기쁜 소식을 전하는 이의 저 발! 평화를 선포하고 기쁜 소식을 전하며 구원을 선포하는구나."(이사 52,7)

주님 성탄 대축일이 점차 다가오고 있습니다. 오늘 이사야 예언자는 구원의 도래에 대한 기쁜 소식을 다시 한번 받아들이는 가운데 희망을 향해 우리 자신을 열어젖히도록 도와주고 있습니다.

이사야서 52장은 예루살렘을 향해 잠에서 깨어나도록 초대하는 가운데 몸에서 먼지를 털어 버리고 쇠사슬을 끊은 다음, 아주 아름다운 옷으로 갈아입도록 초대하고 있습니다. 주님께서 당신 백성을 해방하러 오셨기 때문입니다(1-3절). 그리고 다음과 같이 덧붙입니다. "그리하여 내 백성은 나의 이름을 알게 되리라. 그날에 그들은 '나 여기 있다.'고 말한 이가 바로 나임을 알게 되리라."(6절)

여기서 하느님께서 하신 "나 여기 있다."는 말씀은 우리를 구원하시고 우리를 향해 가까이 다가오시겠다는 그분의 모든 뜻을 집약해서 표현하고 있습니다. 바로 이 말씀, 이사야 예언자의 초대에 따라 예루살렘의 기쁨을 담고 있는 노래가 울려 퍼지고 있습니다. 이는 아주 중요한 역사적인 순간입니다. 그것은 바빌론 유배 시절의 종말이자, 이스라엘 민족에게는 다시금 하느님을 찾을 가능성이 주어지는 순간이며 신앙 안에서 자신을 새롭게 발견할 수 있는 순간이기도 합니다. 주님께서 그들에게 가까이 다가오시며 '남겨진 작은 무리', 즉 유배 후 남겨진 채 신앙을 바탕으로 어려움을 견뎌 낸 소수의 백성은 위기를 건너왔습니다. 그리고 어두움 속에서도 계속 믿고 희망해 왔습니다. 이제 이 '남겨진 작은 무리'는 하느님의 기적을 보게 될 것입니다.

이사야 예언자는 바로 여기에 기쁨의 노래를 삽입했습니다.

> 얼마나 아름다운가, 산 위에 서서 기쁜 소식을 전하는 이의 저 발! 평화를 선포하고 기쁜 소식을 전하며 구원을 선포하는구나. "너의 하느님은 임금님이시다." 하고 시온에게 말하는구나. 예루살렘의 폐허들아 다 함께 기뻐하며 환성을 올려라. 주님께서 당신 백성을 위로하시

고 예루살렘을 구원하셨다. 주님께서 모든 민족들이 보는 앞에서 당신의 거룩한 팔을 걷어붙이시니 땅 끝들이 모두 우리 하느님의 구원을 보리라.(이사 52,7.9-10)

여기서 잠시 머물며 묵상하고자 하는 이사야 예언자의 이 말씀은 평화의 기적에 대해 아주 특별한 방식으로 말하고 있습니다. 즉, 그분의 말씀은 소식을 전하기 위해 빠르게 뛰어오는 사람의 발에 시선을 두고 있습니다. "얼마나 아름다운가, 산 위에 서서 기쁜 소식을 전하는 이의 저 발!"

그것은 마치 다음과 같이 묘사되는, 사랑하는 여인을 향해 뛰는 '아가'의 신랑과 같습니다. "보셔요, 그이가 오잖아요. 산을 뛰어오르고 언덕을 뛰어 넘어 오잖아요."(아가 2,8) 이처럼 평화의 소식을 전하는 사람 역시 해방과 구원의 기쁜 소식을 전하고 하느님의 통치를 선포하면서 뛰어오고 있습니다.

하느님께서는 당신 백성을 버려두지 않으시고 악이 승리하도록 그냥 두지 않으십니다. 그분은 충실하시며 그분의 은총은 죄에 비할 바 없이 훨씬 크시기 때문입니다. 우리는 이 점을 배워야 합니다. 왜냐하면 우리는 완고해서 이를 배우려 하지 않기 때문입니다. 저는 이렇게 질문하고 싶습니다. 하느님과 죄 중에 누가 더 큽니까? 물론 하느님이시죠! 마지막에는 누가 승리하죠? 하느님인가요 아니면 죄인가요? 하느님이십니다. 그분은 가장 수치스럽고 가장 지독한 죄, 죄 중에 가장 나쁜 죄를 거슬러 승리하실 수 있을까요? 하느님께서 어떤 무기로 죄를

쳐 이기실까요? 바로 사랑으로 승리하십니다! 그게 바로 "하느님께서 통치하신다."는 말씀이 의미하는 바입니다. 이는 주님께 신뢰를 둔 믿음의 말씀입니다. 인간은 때때로 우리 안에 있는 하느님의 아름다운 모상을 죄로서 손상시키곤 합니다. 그분의 권능은 인류를 향해 고개 숙이시고, 우리에게 당신 자비를 보여 주십니다. 이로써 그분께서 이 죄에서 우리를 해방시키십니다. 이 지극한 사랑의 완성은 다름 아닌 예수님께서 선포하신 하느님 나라입니다. 이 나라는 용서와 평화의 나라로 우리가 성탄과 더불어 기념하는 나라이기도 합니다. 하느님 나라는 주님의 부활에서 결정적으로 실현됩니다. 성탄에 있어서 가장 탁월한 기쁨은 평화라는 내적 기쁨입니다. 주님께서 우리의 죄를 사해 주셨고 우리를 용서해 주셨습니다. 그분은 우리에게 자비를 베푸셨으며 우리를 구원하기 위해 오셨습니다. 이것이 바로 성탄의 기쁨입니다!

여러분은 우리가 희망하는 이유입니다. 모든 게 끝난 것처럼 보일 때, 헤아릴 수 없이 많은 부정적인 일들이 눈앞에 펼쳐질 때, 더 이상 믿음을 유지하기 힘들고 더 이상 아무 의미도 없다고 말하고 싶을 때, 소식을 전하는 이가 한 걸음에 달려와 우리에게 아름다운 소식을 전해 줍니다. 하느님께서 뭔가 새로운 것을 이루기 위해, 평화의 나라를 재건하기 위해 오고 계신다는 겁니다. 하느님께서는 당신의 품을 드러내시고 자유와 해방을 가져다 주십니다. 악이 언제나 승리하지는 않습니다. 고통에도 끝은 있습니다. 이제 우리는 절망을 물리쳐 이길 수 있습니다. 하느님께서 우리 가운데 계시기 때문입니다.

우리 또한 이사야 예언자가 예루살렘을 향해 초대했듯이, 그렇게 예루살렘처럼 조금은 깨어있도록 요청받았습니다. 우리 모두는 하느님 나라의 도래를 위해 협력하는 가운데 희망의 사람이 되도록 부름을 받았습니다. 이 희망을 잃어버린 그리스도교 신자를 보게 되면 얼마나 안타까운지 모릅니다.

희망의 지평을 바라보지 못하고 자기 마음속에서 장벽만 대면하는 신자는 이렇게 말합니다. "저는 더 이상 아무 것도 희망하지 않습니다. 제게 있어 모든 게 끝났습니다." 하지만 하느님께서 용서하는 가운데 이 장벽을 부숴 버리십니다. 그래서 우리는 하느님께서 매일 우리에게 희망을 주시도록, 모든 사람에게 이 희망을 주시도록 기도해야 합니다. 이 희망은 우리가 베들레헴의 구유에서 하느님을 뵐 때 생겨납니다. 우리에게 주어진 복음의 메시지는 다급합니다. 정의와 진리, 평화에 굶주린 세상과 인류가 마냥 기다리지 않도록, 우리는 이 산 저 산을 뛰어다니며 소식을 전하던 목동처럼 복음을 널리 전해야 합니다.

세상에서 소외되었던 작은 이들은 아기 예수님을 바라보며, 주님의 약속과 말씀이 실현되었음을 알았습니다. 갓 태어나 모든 것을 필요로 하는 이 아기, 즉 구유 속 아기 예수님 안에 우리를 구원할 하느님의 모든 권능이 존재합니다. 주님 성탄 대축일은 우리의 마음을 열기 위한 날입니다. 아기 예수님 안에 있는 가장 작은 모습에, 그 놀라운 기적에 마음을 열도록 합시다. 대림 시기 동안 희망 가운데 준비하고 있는 것은 성탄의 기적입니다. 그것은 아기이신 하느님, 가난한 하느님, 연약한 하느님, 우리 각자에게 가까이 다가오기 위해 당신의 위대함을 포기하신 하느님의 놀라움입니다.

새싹이 움트다

그리스도인의 희망 3.

"이사이의 그루터기에서 햇순이 돋아나고 그 뿌리에서 새 싹이 움트리라."(이사 11,1)

지금까지 우리는 이사야 예언자의 안내를 받았습니다. 성탄이 며칠 남지 않은 오늘, 저는 성자의 강생과 함께 이 세상에 희망이 들어온 순간에 대해 좀 더 특별한 방식으로 묵상하고자 합니다. 이미 이사야 예언자는 여러 구절을 통해 메시아의 탄생에 대해 예고하신 바 있습니다. "보십시오, 젊은 여인이 잉태하여 아들을 낳고 그 이름을 임마누엘이라 할 것입니다."(이사 7,14) 그리고 이렇게 말씀하기도 하셨습니다. "이사이의 그루터기에서 햇순이 돋아나고 그 뿌리에서 새싹이 움트리라."(이사 11,1) 이 구절은 성탄의 의미를 잘 보여 주고 있습니다. 하느님께서 인간이 되심으로써 우리에게 하신 약속을 이루어 주셨습니다. 그분은 당신 백성을 버리지 않으시고 당신의 신성을 벗어 던지기까지 하시며 그들 곁에 다가가셨습니다. 그럼으로써 그분은 그들을 향한 당신의 충실하심을 보여 주시고 인류에게 새로운 희망을 선사하는 새로운 왕국을 시작하셨습니다. 이 새로운 희망은 다름 아닌 영원한 생명에 대한 희망입니다.

우리는 희망에 대해 말할 때, 종종 인간의 힘 안에 있지 않은 것, 보이지 않는 것에 대해 언급하곤 합니다. 사실, 우리가 희망하는 것은 우리의 능

력과 시선 너머에 있습니다. 그러나 그리스도의 탄생은 구원을 시작하는 가운데 그와는 다른 희망, 즉 신뢰할 수 있고 가시적으로 보이는, 이해 가능한 희망에 대해 말해 줍니다. 왜냐하면 그 희망은 하느님 안에 바탕을 두고 있기 때문입니다. 하느님께서 세상 안으로 들어오셔서 우리에게 당신과 더불어 걸을 수 있는 힘을 선사해 주십니다. 그리고 예수님 안에서 우리와 함께 걸으십니다. 충만한 생명을 향한 여정은 때론 힘에 부치기도 합니다. 그러나 이 여정에 그분이 함께하시기에, 우리는 이 여정을 통해 새로운 방식으로 존재할 수 있는 힘을 선사받습니다. 따라서 그리스도인에게 있어 희망이란 늘 우리를 기다리시는 아버지 하느님을 향하여 그리스도와 함께 걷는 것을 의미합니다. 희망은 결코 멈추지 않습니다. 희망은 우리의 여정 중에 언제나 존재하며, 우리로 하여금 한 발짝 더 나아가게 합니다. 베들레헴의 아기 예수께서 우리에게 선사해 주는 이 희망은 현재를 위한 원대한 목표, 즉 인류를 위한 구원, 자비하신 하느님께 자신을 내어 맡기는 사람을 위한 지복을 제공해 줍니다. 바오로 사도는 이 모든 것을 다음과 같은 표현으로 종합했습니다. "우리는 희망으로 구원을 받았습니다."(로마 8,24) 다시 말해, 우리는 희망과 더불어 이 세상을 걷는 가운데 구원되었습니다. 여기서 우리 각자는 다음과 같이 질문할 수 있습니다. 과연 나는 희망과 함께 걷고 있는가? 혹여 나의 내적 생활이 멈춰 서고 폐쇄된 상태에 있는 것은 아닌가? 혹여 나의 마음은 서랍처럼 굳게 닫혀 있는가? 아니면 혼자가 아니라 예수님과 함께 여정을 걷도록 희망을 향해 활짝 열린 서랍 같은가?

대림 시기 동안 그리스도교 신자들의 집에는 아시시의 프란치스코 성인까지 거슬러 올라가는 전통에 따라 구유가 준비됩니다. 구유는 그 단순한 모습과 더불어 희망을 전해 줍니다. 구유에 등장하는 각각의 인물은 이 희망의 분위기에 잠겨 있습니다.

예수님께서 탄생하신 장소인 베들레헴으로 가 봅시다. 베들레헴은 유다 지방에 있는 작은 마을입니다. 이곳은 예수님께서 태어나시기 천 년 전 하느님께서 이스라엘의 왕으로 간택하신 목동 다윗이 태어난 곳이기도 합니다. 베들레헴은 중요한 도시가 아닙니다. 그래서 작고 비천한 이들을 통해 당신의 섭리를 드러내시는 하느님께서 선호하실 만한 곳입니다. 그곳에서 오랫동안 고대해 온 '다윗의 후손' 예수님께서 탄생하셨습니다. 바로 그분에게서 하느님의 희망과 인간의 희망이 서로 만나고 있습니다.

아기 예수님 곁에는 희망의 어머니이신 성모님이 있습니다. 성모님은 "예." 하고 대답하심으로써 하느님께 우리 세상으로 들어오는 문을 여셨습니다. 처녀이신 그분의 마음은 희망과 온전한 믿음으로 가득 차 생기 넘쳤습니다. 이처럼 하느님께서 성모님을 미리 선택하셨고, 성모님은 하느님의 말씀을 믿었습니다. 이렇게 해서 성모님은 9개월 동안 새롭고 영원한 계약의 궤가 되었습니다. 성모님은 당신 백성을 비롯해 인류 전체를 구원하기 위해 오신 하느님 사랑의 결정체인 아기 예수님을 인자롭게 바라봅니다.

성모님 곁에는 이사이와 다윗의 자손인 요셉 성인이 서 있습니다. 그 또한 마리아가 성령으로 잉태한 것이라는 천사의 말을 믿었습니다. 요셉 성인은 하느님께서 친히 아이의 이름을 '예수'라 부르도록 명하신 것에 대해 묵상하고 있습니다. 그 이름에는 모든 사람을 위한 희망이 담겨 있습니다. 왜냐하면 하느님께서 이 아기를 통해 인류를 죄와 죽음으로부터 구원해 주실 것이기 때문입니다. 그래서 구유를 바라보는 것은 중요합니다!

또한 목동들도 구유 곁에 머물러 있습니다. 목동들은 "이스라엘의 위로"(루카 2,25)이자 "예루살렘의 구원"(루카 2,38)인 메시아를 고대해 온 비천하고 가난한 이들을 대표합니다. 그들은 아기 예수님 안에서 하느님의 약속이 이루어지는 것을 보았고, 마침내 하느님의 구원이 본인들에게 이르게 될 것을 희망했습니다.

　자신이 마련한 안락함, 특히 물질적인 것에 기대는 사람은 하느님으로부터 오는 구원을 바라지도 않고, 기다리지도 않습니다. 이 점을 잘 기억해야 합니다. 물질적인 풍요로움은 우리를 구원해 줄 수 없습니다. 우리를 구원해 주리라는 유일한 보장은 하느님 가운데 희망하는 것뿐입니다. 이 희망은 강하기 때문에 우리를 구원하며, 인생의 여정을 기쁘게 걷게 해 줍니다. 또한 선을 행하려는 원의, 영원히 행복하고자 하는 원의와 함께 이 여정을 걷게 해 줍니다. 작고 비천한 자인 이 목동들은 하느님을 신뢰하고 그분께 희망을 두며 천사들이 가르쳐 준 표징을 아기 예수님 안에서 알아보고 기뻐합니다(루카 2,12 참조).

이들을 둘러싼 천사들의 무리는 아기 예수님께서 이루시는 위대한 계획을 천상에서 선포하고 있습니다. "지극히 높은 곳에서는 하느님께 영광 땅에서는 그분 마음에 드는 사람들에게 평화!"(루카 2,14)

이처럼 그리스도인의 희망은 사랑과 정의와 평화로 이루어지는 당신의 나라를 세우신 하느님께 찬미와 감사를 표현하는 가운데 드러납니다.

친애하는 형제자매 여러분, 이 대림 시기에 구유를 관상하면서 주님의 탄생을 준비하기로 합시다.

하느님께서 우리의 개인적, 공동체적 역사의 밭고랑에 뿌린 희망의 씨앗인 예수님을 맞아들인다면, 그분의 탄생은 진정한 축제가 될 것입니다. 우리에게 오시는 아기 예수님을 향해 드리는 "예." 하는 모든 응답은 '희망의 싹'입니다. 이 '희망의 싹', 그분께 드리는 긍정적인 응답을 신뢰하기로 합시다. "예, 예수님. 당신은 저를 구원하실 수 있습니다. 당신은 저를 구원하실 수 있습니다."

믿음의 아버지

그리스도인의 희망 4.

"네가 나에게 순종하였으니, 세상의 모든 민족들이 너의 후손을 통하여 복을 받을 것이다."(창세 22,18)

바오로 사도는 우리에게 믿음과 희망의 길을 가르쳐 주기 위해 '로마 신자들에게 보낸 서간'에서 아브라함이라는 위대한 인물을 상기합니다. 바오로 사도는 아브라함에 대해 다음과 같이 말했습니다. "그는 희망이 없어도 희망하며, '너의 후손들이 저렇게 많아질 것이다.' 하신 말씀에 따라 '많은 민족의 아버지'가 될 것을 믿었습니다."(로마 4,18)

 "희망이 없어도 희망하며", 이 표현은 아주 강

렬합니다. 그것은 희망이 없을 때마저도 희망한다는 말입니다. 우리의 선조인 아브라함은 그렇게 희망했습니다. 여기서 바오로 사도는 아브라함이 자신에게 아들을 약속하신 하느님의 말씀을 어떤 믿음의 태도로 믿었는지 설명합니다. 그는 진정 "모든 희망을 거슬러서" 희망하는 가운데 믿었습니다. 주님께서 아브라함에게 말씀하신 것은 믿기 어려운 것입니다. 왜냐하면 이미 아브라함은 거의 백세에 가까운 노인인데다, 그의 아내 또한 임신할 수 없는 몸이기 때문입니다. 그러므로 인간의 사고방식에 따르면 그분의 말씀은 이루어질 수 없는 것입니다! 믿기 힘든 일이었으나, 하느님께서는 참으로 그렇게 말씀하셨습니다. 그리고 아브라함은 인간적인 희망이 없는 상황임에도 그 말씀을 믿었습니다.

아브라함은 그분의 약속을 신뢰했고, 이방인이 되는 자신의 운명을 받아들여 고향을 떠났습니다. 그리고 아흔 살의 노인인 사라가 임신할 수 없는 몸임에도 불구하고 하느님께서 자신에게 주시기로 한 그 '불가능한 아들'을 받게 되리라 희망했습니다. 그의 믿음은 외견상 납득할 수 없는 것을 향한 희망으로 이어졌습니다. 그 믿음은 인간적인 논리, 세상의 지혜와 현명함, 그리고 흔히 상식적인 것의 한계를 초월하는 능력입니다. 희망은 새로운 지평을 열어젖히며 상상조차 할 수 없는 일을 꿈꾸게 합니다. 또한 미래의 빛을 바라보는 가운데 불확실하고 어두운 상태 속에서도 나아가게 해 줍니다. 이 망덕은 얼마나 아름다운지 모릅니다. 이 덕은 우리가 인생의 여정에서 굳건히 걸어가게 하는 많은 힘을 전해 줍니다. 그러나 계속해서 희망을 굳게 가지는 것은 어려운 길입니다.

　아브라함에게도 좌절로 인한 위기의 순간이 찾아왔습니다. 그는 주님을 신뢰하며 자신이 가진 모든 것을 버리고 하느님이 가르쳐 주신 곳으로 갔습니다. 그 시절에 여행을 한다는 것은 오늘날과 다릅니다. 요즘에는 비행기를 타고 몇 시간 정도 지나면 목적지에 도착하게 되지만, 그 당시에는 몇 달, 혹은 몇 년이 걸리곤 했습니다. 그 과정에서 많은 시간이 흘렀습니다. 아브라함에게 아들은 주어지지 않았고 사라의 태는 더 이상 임신하지 못한 채 닫혀 버렸습니다. 아브라함은 주님과 함께 슬퍼했습니다. 그렇다고 그가 인내심을 잃어버린 것은 아닙니다. 주님과 함께 애석해 하는 것은 일종의 기도하는 방식입니다. 우리는 신앙의 선조인 아브라함으로부터 이 점을 배워야 합니다. 신자들이 고해성사 때 이렇게 말하는 것을 듣게 되면 종종 유감을 느끼곤 합니다. "저는 주님과 함께 슬퍼했습니다." 저는 이 말에 이렇게 대답합니다. "아닙니다. 주님과 함께 슬퍼하세요. 그분은 여러분과 함께 계시는 아버지이십니다."

아브라함은 주님과 함께 슬퍼하며 이렇게 말합니다. "주 하느님 …… 저는 자식 없이 살아가는 몸, 제 집안의 상속자는 다마스쿠스 사람 엘리에제르가 될 것입니다."(엘리에제르는 모든 것을 다스리던 사람입니다.) 그리고 이렇게 덧붙입니다. "저를 보십시오. 당신께서 자식을 주지 않으셔서, 제 집의 종이 저를 상속하게 되었습니다." 그러나 주님께서 그에게 다음과 같이 말씀하십니다. "'그가 너를 상속하지 못할 것이다. 네 몸에서 나온 아이가 너를 상속할 것이다.' 그러고는 그를 밖으로 데리고 나가서 말씀하셨다. '하늘을 쳐다보아라. 네가 셀 수 있거든 저 별들을 세어 보아라.' 그에게 또 말씀하셨다. '너의 후손이 저렇게 많아질 것이다.' 아브람이 주님을 믿으니, 주님께서 그 믿음을 의로움으로 인정해 주셨다."(창세 15,2-6)

이 장면은 밤을 배경으로 합니다. 아브라함의 마음 안에는 불가능한 것을 계속 희망하고 바라며 부딪힌 실망과 좌절, 그리고 난관이란 어두움이 있었습니다. 그 어두움은 바깥의 어두움보다 더 짙었습니다. 시간이 흘러 아브라함은 더 나이가 들어 아들을 가질 수 없을 듯 보였고, 그의 종이 모든 유산을 물려받을 것이었습니다. 그의 마음이 주님께 향하여 있고, 그분과 함께 이야기하고 있어도 아브라함은 주님께서 멀리 계신 것처럼 느꼈습니다. 아브라함은 말씀에 대한 믿음을 잃어버리고 있었습니다. 그는 점점 늙고 지쳐갔고, 자신이 홀로 있다고 느꼈습니다. 그리고 죽음이 그를 엄습해 오고 있었습니다. 이 상황에서 그가 어떻게 계속 주님을 신뢰할 수 있겠습니까? 하지만 그가 이렇게 슬퍼하는 방식은 그 자체로 이미 일종의 믿음이며 기도입니다. 모든 것에도 불구하고 아브라함은 계속 하느님을 믿고 여전히 무슨 일이 일어날 수 있으리라 희망했습니다. 그렇지 않다면, 왜 주님께 질문하고 투

덜거리며 그분께 당신이 하신 약속을 상기시키겠습니까?

믿음은 아무 대답 없이 그저 맹목적으로 모든 것을 받아들이는 침묵이 아닙니다. 또한 그것은 희망하고 의심하며 당혹스러워하면서 확실한 것에만 마음을 두는 것도 아닙니다. 많은 경우, 희망은 어둡습니다. 하지만 바로 거기에 여러분을 앞으로 나아가게 하는 희망이 있습니다. 믿음은 가식적인 경건함 없이 있는 그대로의 괴로움을 하느님께 보여 드리며 그분과 더불어 싸우는 겁니다. 신자들은 때때로 이렇게 말하곤 합니다. "제가 왜 이런 상황에 처해야 하는 건가요? 왜 저를 여기서 빼내 주시지 않는 거죠? 저는 그런 당신께 화가 났습니다!" 그분은 우리 마음을 헤아리며 이해해 주시는 아버지이십니다. 그러니 평화 가운데 나아가시기 바랍니다! 이런 용기를 가져야 합니다! 이게 바로 희망입니다. 두려움을 갖지 말고 모순적인 것들을 받아들여야 하는 상황을 대면하는 것 역시 희망입니다.

아브라함은 계속해서 희망하기 위해 하느님께 자신을 도와 주시길 바라며 믿음 안에서 호소했습니다. 흥미로운 것은 그가 아들을 청하지 않았다는 겁니다. "주님, 제가 계속 희망할 수 있도록 저를 도우소서." 이것은 희망을 갖기 위한 기도입니다. 주님께서는 계속해서 이루어지기 어려운 약속을 하시며 대답하셨습니다. 여종 하가르에게서 얻은 아들 이스마엘이 아닌, 아브라함에게서 태어난 그의 아들이 상속자가 되리라는 겁니다. 하느님 편에서는 아무것도 바뀌지 않았습니다. 그분은 이미 말씀하신 것을 계속 반복해서 말씀하셨습니다. 그러나 아브라함이 안심할 수 있는 구실을 허락하진 않으셨습니다. 그가 가질 수 있는 유일한 보장은 주님의 말씀을 신뢰하며 계속 희망하는 것이고, 하느님께서 아브라함에게 선사하신 표징을 계속해서 믿고 희망하도록 청하는 것이었습니다. "하늘을 쳐다보아라. 네가 셀 수 있거든 저 별들을 세어 보아라. …… 너의 후손이 저렇게 많아질 것이다."(창세 15,5) 주님께서 그에게 다시 한번 약속하시며 미래에 기다려야 할 그 무엇에 대해 이야기하십니다. 하느님께서 아브라함을 자신의 천막 밖으로 인도하셨습니다. 그분은 그를 자신의 협소한 비전으로부터 끌어내 많은 별들을 보여 주셨습니다. 믿기 위해서는 믿음의 눈으로 볼 줄 알아야 합니다. 그것은 모든 사람이 볼 수 있는 별이지만, 아브라함에게 있어서는 하느님의 충실함을 보여 주는 표징이 되어야 합니다.

　　이게 바로 우리 각자가 걸어가야 할 믿음이자 희망의 길입니다. 별을 보는 것만이 우리에게 남은 유일한 가능성이라 해도, 지금은 하느님께 신뢰해야 할 시간입니다. 그보다 더 좋은 것은 없습니다. 희망은 결코 우리를 실망시키지 않습니다.

― 제2장 ―

삶의 어둠 안에서 희망하다

슬픔이 지닌 어두움과
마주하다

그리스도인의 희망 5.

"라헬이 자식들을 잃고 운다. 네 울음소리를 그치고 네 눈에서 눈물을 거두어라. 네 노고가 보상을 받아 그들이 원수의 땅에서 돌아올 것이다. 주님의 말씀이다. 네 앞날은 희망이 있다."(예레 31,15.17)

저는 오늘 교리를 통해 여러분과 함께 비탄 중에서 희망에 대해 말하는 한 여인에 대한 이야기를 나누고자 합니다. 그 여인은 야곱의 아내이자 요셉과 벤야민의 어머니인 라헬입니다. 창세기가 우리에게 전하듯이, 둘째 아들인 벤야민을 출산하다 세상을 떠난 여인이기도 합니다. 예레미야 예언자는 유배 중에 있는 이스라엘 사람들을 위로하기 위해 깊은 감동이 담긴 시적인 표현으로 라헬에 대해 언급하고 있습니다. 그는 라헬의 비탄을 들어 말하지만 동시에 우리에게 희망의 메시지를 전하고 있습니다.

> 주님께서 이렇게 말씀하신다. 라마에서 소리가 들린다. 비통한 울음소리와 통곡 소리가 들려온다. 라헬이 자식들을 잃고 운다. 자식들이 없으니 위로도 마다한다.(예레 31,15)

예레미야 예언자는 이 구절에서 고통과 비탄 중에 있지만 동시에 뜻밖의 삶에 대한 비전을 갖고 있는 한 여인, 즉 자기 백성에게 속한 여인이자 자기 부족의 위대한 어머니인 라헬을 소개하고 있습니다. 창세기 사화에 따르면, 라헬은 출산하다 죽고 맙니다. 자신이 낳으려던 아들을 살리기 위해서였습니다. 그런데 예레미야는 라헬이 유배된 사람들이 모여 사는 라마에 살고 있으며 유배 중에 죽은 자녀들을 위해 울고 있다고 합니다. 라헬 자신이 말했듯이, "자녀들이 더 이상 없습니다." 그들은 영원히 사라지고 말았습니다. 그래서 라헬은 위로받으려 하지 않았습니다. 이러한 거부는 그의 고통이 얼마나 깊고, 그 비탄이 얼마나 괴로운지 보여 줍니다. 자식을 잃어버린 비극을 겪은 어머니에게 그 어떤 위로를 건넨다 한들 마음에 위안이 되지 못할 것입니다. 그런 것으로는 결코 마음의 상처를 낫게 할 수 없습니다. 고통은 사랑에 비례합니다. 세상의 모든 어머니들은 이 사실을 잘 알고 있습니다. 오늘날에도 자식을 잃어버리고 슬피 우는 많은 어머니들이 있습니다. 우리는 라헬이라는 이 인물 안에 자식을 잃은 모든 어머니들이 겪는 고통과 상실로 인한 눈물이 담겨져 있음을 알 수 있습니다. 우리는 위로받으려 하지 않는 라헬의 이런 모습 앞에서, 다른 사람의 고통을 대면할 때 얼마나 섬세한 마음을 가져야 하는지 배워야 합니다. 절망 속에 있는 사람에게 희망에 대해 말하려면, 그의 절망을 함께 나눠 가져야 합니다. 고통받는 사람의 얼굴에서 눈물을 닦아 주려면, 그와 함께 울어 줄 수 있어야 합니다. 그럴 때 비로소 우리가 하는 말이 조금이나마 희망을 전해 줄 수 있습니다. 그렇게 비탄과 고통을 함께 나누며 위로하지 못한다면, 차라리 침묵하는 게 낫습니다. 침묵 가운데 행동으로 애도의 마음을 표현하시기 바랍니다.

하느님께서는 당신의 섬세한 사랑과 함께, 가식이 아닌 진실된 말씀으로 라헬의 울음에 응답하십니다. 예레미야 예언자의 말씀은 이렇게 이어집니다.

> 주님께서 이렇게 말씀하신다. 네 울음소리를 그치고 네 눈에서 눈물을 거두어라. 네 노고가 보상을 받아 그들이 원수의 땅에서 돌아올 것이다. 주님의 말씀이다.(예레 31,16-17)

슬피 우는 어머니는 혹시 자녀들이 살아 돌아오지 않을까 하는 희망을 가집니다. 아들을 출산하면서 그 아들이 살기를 바라며 죽음을 받아들였던 이 여인. 그는 울며 고향에서 멀리 떨어져 있는 유배 중에 있던 자녀들, 포로로 갇혀 있던 자녀들에게 새로운 생명의 시작이 되어 줍니다. 주님께서는 비통하게 울며 고통스러워하는 라헬에게 응답하셨고, 약속하셨습니다. 이제 이 약속은 그에게 진정한 위로가 됩니다. 이스라엘 백성은 유배에서 돌아와 신앙 안에서 자유롭게 지내며 하느님과의 관계 속에서 살아갈 수 있습니다. 눈물이 희망을 탄생시켰습니다. 우리의 머리로는 이해하기 어렵지만, 그건 사실입니다. 많은 경우 우리의 삶에서 눈물은 희망을 뿌려 줍니다. 그것은 희망의 씨앗입니다.

익히 아시는 것처럼, 훗날 마태오 복음사가는 예레미야 예언자의 이 말씀을 다시 취해서 무죄한 어린아이들의 학살을 언급하는 데 사용했습니다(마태

2,16-18 참조). 마태오 복음서의 이 말씀은 우리로 하여금 무방비한 사람들에 대한 살해라는 비극과 생명을 천시하고 억압하는 권력의 공포와 대면하게 합니다. 베들레헴의 어린아이들은 예수님으로 인해 살해되었습니다. 그 후, 무죄한 어린양이신 예수님께서 우리 모두로 인해 돌아가셨습니다. 하느님의 아드님께서 사람들의 고통 속으로 들어오신 것입니다. 우리는 이 점을 잊어선 안 됩니다.

오래 전, 누군가 제게 이런 질문을 한 일이 있습니다. "신부님, 말해 주세요. 왜 어린아이들이 고통을 받아야 하는 겁니까?" 저는 이렇게 대답했습니다. "십자가에 못 박히신 예수님을 바라보세요. 하느님께서 우리에게 사랑하는 당신 아드님을 내어 주셨습니다. 그분은 고통받으셨지요. 아마도 그 사실에서 해답을 찾으실 수 있을 겁니다."

　우리의 이성이 가리키는 이 세상에서 명확한 해답은 없습니다. 오직 우리를 위해 당신의 생명을 선물해 주신 그리스도의 사랑만이 위로의 길을 제시합니다. 우리에게 그분의 죽음이 의미하는 바는 그저 슬픔과 비탄만이 아닙니다. 그리스도께서는 우리의 죽음을 받아들이시고, 죄를 짊어지심으로써 인류의 고통 속으로 들어오셨습니다. 십자가 위에서 죽어가던 성자, 바로 그분께서 당신 어머니를 요한 사도에게 맡기고 그분을 신자들로 구성된 하느님 백성의 어머니가 되게 하심으로써 새로운 풍요로움을 교회에 선사해 주셨습니다.

　이제 죽음은 극복되고 예레미야의 예언이 이루어졌습니다. 라헬의 눈물처럼, 성모님의 눈물 또한 희망과 새로운 생명을 낳았습니다. 그러므로 다함께 성모님께 감사드려야겠습니다.

우상에 대한 믿음

그리스도인의 희망 6.

"저들의 우상들은 은과 금

 사람 손의 작품이라네."(시편 115,4)

주님, 저희에게가 아니라
저희에게가 아니라 오직 당신 이름에 영광을
돌리소서.
당신의 자애와 당신의 진실 때문입니다.
"저들의 하느님이 어디 있느냐?"
민족들이 이렇게 말해서야 어찌 되겠습니까?
그러나 우리 하느님께서는 하늘에 계시며
뜻하시는 것은 무엇이나 다 이루셨네.

저들의 우상들은 은과 금

사람 손의 작품이라네.

입이 있어도 말하지 못하고

눈이 있어도 보지 못하며

귀가 있어도 듣지 못하고

코가 있어도 맡지 못하네.

그들의 손은 만지지 못하고

그들의 발은 걷지 못하며

그들의 목구멍으로는 소리 내지 못하네.

그것들을 만드는 자들도 신뢰하는 자들도

모두 그것들과 같네.

이스라엘아, 주님을 신뢰하여라!

주님은 도움이며 방패이시다.

아론의 집안아, 주님을 신뢰하여라!

주님은 도움이며 방패이시다.

주님을 경외하는 이들아, 주님을 신뢰하여라!

주님은 도움이며 방패이시다.

주님께서 우리를 기억하시어 복을 내리시리라.

이스라엘 집안에 복을 내리시고

아론 집안에 복을 내리시리라.

주님을 경외하는 이들에게,

낮은 사람들에게도 높은 사람들에게도 복을 내리시리라.

주님께서 너희를,

너희와 너희 자손들을 번성하게 하시리라.

너희는 주님께 복을 받으리라,

하늘과 땅을 만드신 그분께.

하늘은 주님의 하늘

땅은 사람들에게 주셨네.

주님을 찬양하는 이들은 죽은 이들도 아니요

침묵의 땅으로 내려간 이들도 아니네.

우리는 주님을 찬미하네,

이제부터 영원까지. 할렐루야!(시편 115,1-18)

대림 시기와 성탄 시기는 하느님 백성 안에서 희망을 다시금 일깨우는 전례 시기입니다. 희망은 인간에게 우선적으로 필요한 것입니다. 미래를 희망하는 것, 삶을 믿는 것, 이것은 소위 '긍정적으로 생각하는 것'입니다. 그러나 이러한 희망이 우리가 살아가는 데 도움을 주고 우리 존재에 의미를 부여할 수 있는 대답이 되도록 하는 것이 중요합니다. 이것은 세상이 우리에게 말하는 '거짓된 희망', 즉 앞에서 언급한 '거짓된 낙관주의'에 물들지 않도록 합니다. 성경은 거짓된 희망에 담긴 무익함과 어리석음을 밝혀 드러냅니다. 성경은 다양한 방식으로 이 작업을 하고 있으며, 특히 우상들의 위선을 고발합니다. 인간은 우상들을 자기 희망의 대상으로 삼는 가운데 끊임없이 거기에 신뢰를 두려 합니다. 특히 예언자들과 현자들은 신자들이 걸어야 할 믿음의 길에서 드러나는 약점을 지적하며 이에 대해 가르칩니다. 진실한 믿음은 하느님을 신뢰하는 것입니다. 그러나 사람들은 삶에서 어려움과 맞닥뜨렸을 때, 자신이 나약하다는 것을 경험합니다. 그래서 손을 뻗어 가까이 만질 수 있을 정도로 확실한 보장 장치가 필요하다는 것을 깨닫게 됩니다. 하느님을 신뢰함에도, 내가 처한 상황이 불리하게 바뀌면 구체적으로 확실한 그 무언가를 원하게 된다는 것입니다. 바로 거기에 위험이 있습니다! 그때 우리는 고독이 지닌 공허함을 메꿔 줄 것 같고 믿음의 어려움을 경감시켜 줄 것처럼 보이는 것에 마음을 두고 일시적인 위로를 추구하려는 유혹을 받게 됩니다. 심지어 우리는 돈, 권세가들과의 야합, 세속성, 잘못된 이데올로기 등이 줄 수 있는 보장된 상황 속에서 그런 것을 찾으려 듭니다. 또한 우리의 요청에 고개 숙이며, 우리가 원하는 대로 현실을 바꿔서 만들어 주고자 마법을 갖고 개입하는 그런 신을 찾습니다.

우상은 그 자체로 우리에게 아무것도 해 줄 수 없는 무능한 거짓말쟁이입니다. 하지만 우리는 우상들을 좋아합니다. 그것도 그냥 좋아하는 게 아니라 엄청 좋아합니다! 제가 부에노스아이레스에 있을 당시, 1km 정도 떨어진 다른 성당으로 걸어서 간 일이 있었습니다. 걸어가는 도중 공원을 하나 발견했는데 작은 탁자 앞에는 많은 점쟁이들이 앉아 있었습니다. 사람들은 점을 치려고 줄을 서기까지 했습니다. 순번이 되면 점쟁이가 점을 봐 주는데 하는 이야기는 언제나 똑같습니다. "당신의 인생에 한 여인이 있군요. 삶에 어두움이 엄습한 것이 보이는데 결국은 잘 풀릴 겁니다."

이런 이야기를 듣고 난 후, 사람들은 돈을 지불합니다. 이런 것이 여러분의 삶에 안정을 부여해 줍니까? 그저 카드를 읽는 점쟁이들을 만나 마음의 위안을 찾으려 할 뿐입니다. 이것이 우상숭배입니다. 거기에 많이 집착하게 되면, 헛된 희망을 돈으로 사게 됩니다. 반면, 예수 그리스도께서 우리에게 선사해 주신 희망은 거저 주어졌습니다. 그분은 우리를 위해 당신의 생명을 기꺼이, 아무런 대가도 없이 내어 주셨습니다. 그럼에도 우리는 종종 그분을 신뢰하지 못합니다.

지혜로 가득한 다음의 시편은 우리에게 우상들이 헛되다는 사실을 아주 매력적으로 말해 주고 있습니다. 세상은 우리의 희망에 대해 이런 우상들을 제공해 주고 있으며 모든 시대의 사람들은 그런 우상들을 신뢰하려는 유혹에 빠지곤 합니다. 이에 대해 시편 115편은 다음과 같이 전합니다.

저들의 우상들은 은과 금

사람 손의 작품이라네.

입이 있어도 말하지 못하고

눈이 있어도 보지 못하며

귀가 있어도 듣지 못하고

코가 있어도 맡지 못하네.

그들의 손은 만지지 못하고

그들의 발은 걷지 못하며

그들의 목구멍으로는 소리 내지 못하네.

그것들을 만드는 자들도 신뢰하는 자들도

모두 그것들과 같네.(4-8절)

시편 저자는 이 우상들이 잠시 지나가고 마는 실재라는 것을 풍자적으로 표현합니다. 여기서 말하는 우상이 단지 금속이나 그밖에 다른 재료뿐 아니라, 우리의 정신으로 만들어졌다는 것을 알아야 합니다. 그것은 무엇보다 유한한 실재를 절대적인 것으로 신뢰하거나 하느님을 우리의 틀에, 그리고 하느님의 신성을 우리의 관념 속에 축소시킬 때 그러합니다. 그런 신은 시편이 말하는 우상처럼 우리와 비슷하고 이해 가능하며 예측 가능합니다. 하느님의 모상인 인간은 자신의 모습을 따라 우상을 만들지만 그 모습은 우습기만 합니다. 듣지도 못하고 움직이지도 못하며 말하지도 못합니다. 많은 경우 우리는 주님께서 우리에게 주시는 위대한 희망보다는 이런 거짓된 우상이 주는 일시적인 희망에 만족합니다. 자신의 절대적인 주장만 하는 이데올로기, 부, 권력, 성공, 허영, 영원과 전능에 대한 환상, 육

체적 아름다움과 건강 같은 가치들이 모든 것을 희생해서라도 얻어야 하는 우상이 될 때, 그 모든 것은 인간의 정신과 마음을 어지럽게 하며 우리에게 생명을 장려하는 대신 죽음으로 인도합니다. 여기서 우리는 당신의 말씀으로 세상을 창조하시고 우리 존재를 인도하시는 생명의 주님께 대한 희망과, 그에 비해 아무런 말도 못하는 환영에 불과한 우상들에 대한 잘못된 신뢰가 서로 대조되어 드러나는 것을 보게 됩니다.

언젠가 아주 아름답고 유능한 한 여성이 이렇게 이야기하는 것을 들은 적이 있습니다. "저는 생각지 않은 임신을 했었습니다. 그렇지만 임신으로 제 몸과 미모가 망가지는 걸 원치 않았기 때문에 낙태를 했습니다." 이 이야기를 듣는 것 자체가 몹시 괴로웠고, 제 영혼에 고통을 안겨 주었습니다. 이런 게 바로 우상입니다. 이 우상은 여러분을 잘못된 길로 데려갈 뿐, 참된 행복을 전해 주지는 못합니다.

오늘 시편의 메시지는 아주 분명합니다. 우상에게 희망을 둔다면, 우리도 그들처럼 될 것입니다. 그 우상의 모습은 공허하며 그 손으로는 아무 것도 만질 수 없고 그 발로는 걷지도 못하며 그 입으로는 말도 할 수 없습니다. 그런 사람은 그 누구도 도와줄 수 없으며 그 어떤 것도 바꿀 수 없고 웃을 수도 없으며 자신을 내어 줄 수도 없고 사랑할 수도 없습니다. 교회의 사람인 우리가 '세속화될 때', 우리 또한 그런 위험에 빠지게 됩니다. 우리는 세상 안에 머물러야 하지만, 그런 세상의 환영幻影으로부터 우리 자신을 지켜야 합니다. 그런 세상의 환영은 제가 말씀드린 우상을 말합니다. 오늘의 시편이 계속 언급하듯이, 우리는 하느님을 신뢰하고 그분께 희망을 둬야 합니다. 그러면 하느님께서 여러분을 축복하실 겁니다. 시편은 이렇게 말합니다.

이스라엘아, 주님을 신뢰하여라!
주님은 도움이며 방패이시다.
아론의 집안아, 주님을 신뢰하여라!
주님은 도움이며 방패이시다.
주님을 경외하는 이들아, 주님을 신뢰하여라!
주님은 도움이며 방패이시다.
주님께서 우리를 기억하시어 복을 내리시리라.
이스라엘 집안에 복을 내리시고

아론 집안에 복을 내리시리라.(시편 115,9-12)

    주님께서 여러분을 언제나 기억하고 계십니다. 이것이 바로 우리의 희망입니다. 희망은 결코 우리를 실망시키지 않습니다. 결코 실망시키지 않을 것입니다. 그러나 우상은 언제나 우리를 실망시킵니다. 그것은 환영에 불과할 뿐, 실제가 아닙니다. 희망이라는 놀라운 실재를 보십시오. 주님을 신뢰하는 가운데 그분처럼 되고 그분의 축복이 우리를 그분의 자녀가 되게 해 줄 겁니다. 그분의 자녀는 그분의 생명을 함께 나눕니다. 하느님께 대한 희망은 우리를 축복하고 구원하는 그분께 대한 기억이라는 빛 속으로 우리를 인도해 줍니다. 그때 우리 마음에서는 살아 계신 진정한 하느님께 대한 알렐루야,

그분에 대한 찬미의 노랫소리가 울려 퍼질 겁니다. 그 하느님께서 우리를 위해 성모님에게서 태어나시고 십자가 위에서 돌아가셨으며 마침내 영광 중에 부활하셨습니다. 우리는 바로 그런 하느님께 희망을 둡니다. 그리고 바로 그 하느님께서 결코 우리를 실망시키지 않으십니다. 그분은 우상이 아니기 때문입니다.

두려움의 저편을 넘어

그리스도인의 희망 7.

"제가 곤궁 속에서 주님을 불렀더니 주님께서 저에게 응답해 주셨습니다. 저의 기도가 당신께, 당신의 거룩한 성전에 다다랐습니다."(요나 2,3.8)

성경 속 이스라엘의 예언자 가운데 특별히 두드러져 보이는 이가 있습니다. 바로 요나입니다. 그는 하느님의 구원 계획을 이루기 위한 부르심으로부터 도망치려 했던 예언자입니다. 네 개의 장으로 구성된 '요나서'는 그 역사에 대해 전합니다. 이 이야기는 용서하시는 하느님의 자비라고 하는 큰 가르침을 전하는 일종의 비유입니다. 요나는 '여정 중에 있는' 예언자이자 동시에 도망치는 예언자입니다!

그는 하느님으로부터 '변두리', 즉 니네베로 파견되어 그 큰 도시의 주민들을 회심시키러 가는 여정 중에 있습니다. 그러나 요나 같은 이스라엘 사람에게 있어 니네베는 위협적인 실재이며, 예루살렘을 위험에 빠트릴 수도 있는, 따라서 예루살렘을 구원이 아니라 파멸에 이르게 할 수도 있는 원수로 대변됩니다. 그러므로 하느님께서 요나에게 그 도시에 가서 설교하라고 파견하셨을 때, 당신의 선하심과 용서를 베풀려는 주님의 뜻을 알았던 예언자 요나는 자신의 임무로부터 벗어나 도망치려 했습니다. 그는 도망치는 과정에서 이방인이었던 배의 선원들을 만났습니다. 그리고 하느님이 맡겨 주신 사명으로부터 달아나기 위해 그 배를 타고 멀리 도망쳤습니다. 니네베는 오늘의 이라크 지방에 속해 있었습니다. 그래서 그는 스페인 쪽으로 혼신을 다해 도망쳤습니다. 배에 타고 있는 이방인들, 그리고 훗날 니네베 주민들의 태도는 우리로 하여금 오늘날의 상황에서 희망의 의미가 무엇인지 묵상하게 해 줍니다. 그들은 위험과 죽음에 직면해서 기도했습니다.

바다를 건너는 도중, 거센 폭풍우를 만났지만 요나는 배의 선창으로 내려가 잠이 들었습니다. 선원들은 배가 부서질 위기에 처하자 겁에 질려 "저마다 자기 신에게 부르짖었다."(요나 1,5)고 성경은 전합니다. 그들은 이방인이었습니다. 결국 그 배의 선장은 요나를 깨워 다음과 같이 말했습니다. "당신은 어찌 이렇게 깊이 잠들 수가 있소? 일어나서 당신 신에게 부르짖으시오. 행여나 그 신이 우리를 생각해 주어, 우리가 죽지 않을 수도 있지 않소?"(요나 1,6) 이 '이방인들'의 태도는 죽음과 위험 앞에 직면해서 갖는 당연한 반응입니다. 바로 그때 인간은 자신의 나약함을 직시하며 구원을 필요로 하는 자신의 모습을 온전히 체험하기 때문입니다. 인간에게 죽음에 대한 본능적인 공포는 생명의 하느님을 희망해야 할 필요성을 일깨워 줍니다. "행여나 그 신이 우리를 생각해 주어, 우리가 죽지 않을 수도 있지 않소?" 이는 기도가 되는 희망의 말이자 죽음이라는 긴박한 위험에 직면한 사람의 입에서 나오는 고뇌에 차 부르짖는 탄원의 기도입니다.

삶의 어려운 순간에 하느님께 호소하는 것이 마치 내 이익만을 위한 기도가 아닐까 생각해 본 적이 있을 것입니다. 그래서 우리는 이를 불완전한 것으로 치부하여 쉽게 판단하곤 합니다. 하지만 하느님께서 우리의 나약함을 잘 알고 계십니다. 또한 우리가 당신께 도움을 청하기 위해 당신을 기억한다는 점도 잘 알고 계십니다. 그래서 하느님께서 너그러운 아버지의 미소와 함께 호의적으로 대답하십니다. 결국 자신의 책임을 통감한 요나가 여행 중에 있는 동료들을 구하기 위해 스스로 뛰어들자, 폭풍우는 마침내 잠잠해졌습니다. 갑작스레 닥친 죽음의 위험 앞에서 사람들은 간절히 기도했습니다. 그리고 하느님께서는 요나 예언자에게 자신을 희생함으로써 다른 사람들을 위해 봉사할 수 있는 소명을 주셨습니다. 이는 생존자들에게 진정한 주님이 누구신지 알게 해 주었으며, 동시에 그분께 찬미를 드리게 해 주었습니다. 공포에 사로잡혀 각자 자신의 신들에게 기도했던 배의 선원들은 이제 주님께 대한 진실한 경외심과 함께 진정한 하느님을 인정하며 그분께 희생 제물을 드리고 서원을 했습니다. 그들로 하여금 죽지 않기 위해 기도하도록 이끌었던 희망은 여기서 더욱 강력한 힘으로 드러나며, 그들이 희망했던 것을 훨씬 넘어서는 일을 이루어 줍니다. 즉, 폭풍우 속에서 난파하지 않았을 뿐만 아니라 하늘과 땅의 주인이신 참되고 유일한 주님을 고백하고 받아들이도록 그들을 열어 주었습니다.

이어서 니네베 주민들 또한 멸망의 위협에 직면해서 하느님의 용서에 희망을 거는 가운데 기도했습니다. 임금부터 시작해서 그곳 주민들 모두는 주님께 애원하고 고행하며 그분을 향해 회심했습니다. 당시 니네베의 임금은 요나가 탔던 배의 선장처럼 다음과 같이 고백했습니다. "하느님께서 다시 마음을 돌리시고 그 타오르는 진노를 거두실지 누가 아느냐? 그러면 우리가 멸망하지 않을 수도 있다."(요나 3,9)

니네베 사람들 역시 폭풍우 속의 선원들과 마찬가지로 죽음을 대면하고 거기서 구원받으며 진리로 나아갈 수 있었습니다. 이처럼 하느님의 자비 아래, 더 나아가 파스카 신비의 빛 아래, 아시시의 프란치스코 성인과 마찬가지로, 죽음은 "우리의 누이"가 될 수 있습니다. 또한 우리 각자뿐만 아니라 모든 사람을 위해 희망을 알고 주님을 만날 수 있는 놀라운 기회를 대변해 줍니다. 부디 주님께서 기도와 희망 사이의 관계를 깨우쳐 주시기 빕니다. 기도는 여러분을 희망 가운데 앞으로 나아가게 해 줍니다. 모든 게 어두워져 앞이 보이지 않을 때, 더 간절히 기도해야 합니다! 그럴 때 우리는 더 많이 희망하게 될 것입니다.

희망의 언어

그리스도인의 희망 8.

"당신은 오히려 미천한 이들의 하느님, 비천한 이들의 구조자, 약한 이들의 보호자, 버림받은 이들의 옹호자, 희망 없는 이들의 구원자이십니다."(유딧 9,11)

구약 성경에 등장하는 이스라엘 백성의 위대한 영웅 중 한 명은 바로 유딧입니다. '유딧기'는 네부카드네자르 왕의 위풍당당한 군대에 대해 전하고 있습니다. 이 왕은 니네베를 지배하는 가운데 그 주위에 있는 모든 민족을 쳐부수고 굴복시키면서 왕국의 국경을 넓혀 가고 있었습니다. 여기서 우리는 죽음과 파괴의 씨앗을 뿌리며 약속의 땅까지 도달함으로써 이스라엘 후손의 생명을 위험에 빠트린

엄청난 무적의 원수를 대면하게 됩니다. 사실, 홀로페르네스 장군의 지휘 아래 있던 네부카드네자르 군대는 물 공급을 차단함으로써 주민들의 사기를 꺾는 가운데 유다, 베툴리아 시를 에워싸고 공격했습니다. 상황은 극적으로 돌아갔습니다. 시의 주민들은 적군에게 항복하도록 원로들에게 요구했습니다. 그들은 절망 속에서 이렇게 외쳤습니다. "이제 우리를 도와줄 사람은 아무도 없습니다. 우리가 목이 마르고 기운이 다 빠져서 그들 앞에 쓰러져 널리도록, 하느님께서 우리를 그들 손에 팔아넘기셨습니다. 그러니 저들을 불러들여, 이 온 성읍을 홀로페르네스의 병사들, 그의 모든 군대의 전리품으로 넘기십시오."(유딧 7,25-26) 이제 극단적인 상황을 피할 수 없게 되었고, 그들은 더 이상 하느님을 신뢰하지 못했습니다. 하느님을 향한 그들의 신뢰는 말라 가고 있었습니다.

우리는 주님을 조금이라도 신뢰하지 못하는 한계 상황에 얼마나 많이 처하게 되는지 모릅니다. 그것은 정말이지 지독한 유혹입니다! 역설적이게도 그들은 죽음으로 이 상황을 모면하기 위해 오직 살인자들의 손에 자신을 넘겨주는 수밖에 없어 보였습니다. 도시를 에워싼 적군들이 쳐들어와 여인들을 노예로 취하며 그밖에 남은 모든 사람을 죽일 것임을 그들은 잘 알고 있었습니다. 이것이 바로 그들이 처한 '한계 상황'이었습니다.

이처럼 엄청난 절망에 직면한 백성의 지도자는 사람들에게 한 가닥 희망의 끈을 전해 주려 했습니다. 그것은 하느님께서 이 상황에 개입해서 자신들을 구해 주시길 기다리며 닷새간 저항하는 겁니다. 하지만 그것은 나약하기 짝이 없는 희망이었습니다. 그래서 이렇게 말합니다. "만일 닷새가 지나도 우리에게 아무런 도움이 오지 않으면, 여러분의 말대로 하겠습니다."(유딧 7,31) 이 불행한 백성에게는 돌파구가 없었습니다. 그들은 하느님께 닷새의 말미를 드렸습니다. 하지만 그건 죄입니다. 하느님께 이 상황에 개입하시도록 강요했기 때문입니다. 닷새간의 기다림이지만, 이미 마지막이 보이는 상황입니다. 그들은 하느님께 자신을 구하도록 닷새를 드렸지만, 그분을 신뢰하지 않았습니다. 그들은 아주 나쁜 결말을 기다렸습니다. 사실 이스라엘 백성 가운데 그 누구도 올바로 희망할 줄 몰랐고, 절망 속에 있었습니다.

    이런 상황에서 유딧이 무대에 등장합니다. 유딧은 미망인이었고, 아주 아름다우며 지혜로웠습니다. 그는 백성에게 신앙의 언어로 말했습니다. 그는 용기를 내어 백성들 앞에서 이렇게 말하며 꾸짖었습니다. "지금 여러분은 전능하신 주님을 시험해 보시지만, 끝내 아무것도 알아내지 못하실 것입니다. 형제 여러분. 주 우리 하느님을 노엽게 해 드리지 마십시오. 하느님께서 닷새 안에 우리를 도우실 뜻이 없으시더라도, 당신께서 원하시는 때에 우리를 보호하실 수 있는 권능을, 또 적군들 앞에서 우리를 전멸시키실 수 있는 권능을 가지고 계십니다. 그러니 하느님에게서 구원이 오기를 고대하면서, 우리를 도와주십사고 그분께 간청합시다. 당신 마음에 드시면 우리의 목소리를 들어 주실 것입니다."(유딧 8,13.14-15.17)

유딧이 전한 말은 희망의 언어였습니다. 그 말은 우리에게 하느님 마음의 문을 두드려야 함을 알려 주었습니다. 그러므로 우리는 하느님 마음의 문을 두드려야 합니다. 그분은 우리의 아버지시며, 우리를 구원해 주실 수 있습니다. 미망인인 이 여인 유딧은 다른 사람들 앞에 나서서 거부당할 수도 있는 위험을 감수했습니다. 그는 용기 있는 여인이었습니다. 그러니 우리도 앞으로 나아가기로 합시다. 저는 여러분에게 이 점을 말씀드리고 싶습니다. 사실 여인들은 남자들보다 훨씬 더 용기 있습니다. 유딧은 예언자와 같은 힘으로 자기 백성에 속한 사람들이 다시 하느님을 신뢰하도록 호소했습니다. 또한 예언자와 같은 눈길로 이스라엘 백성의 지도자들이 제시한 좁은 시야에서 벗어나 그 이상을 보았으며 두려움이 더욱 자신들을 옥죄리라는 것도 알았습니다. 그는 하느님께서 분명하게 행동하시지만, 닷새를 기다리라는 제안은 그분을 시험하는 것이자, 그분의 뜻에서 벗어나는 것이라고 보았습니다. 주님께서는 구원의 하느님이십니다. 그 구원이 어떤 모습을 취하든, 유딧은 그런 그분을 믿었습니다. 사람들을 원수에게서 해방하여 살게 하는 것이 구원이지만, 헤아릴 수 없이 깊은 그분의 계획에 비춰 볼 때 죽음에 자신을 내맡기는 것 역시 구원이 될 수도 있습니다. 믿음의 여인인 유딧은 이 점을 잘 알고 있었습니다. 우리는 이 이야기의 결말을 잘 알고 있습니다. 하느님께서는 결국 그들을 구원해 주셨습니다.

친애하는 형제자매 여러분! 우리는 결코 하느님께 어떤 조건도 달지 말아야 합니다. 그 대신, 희망하는 가운데 두려움을 이겨 내야 합니다. 하느님을 신뢰하는 것은 그분께 어떠한 요구도 하지 않은 채, 그분이 마련하신 계획 안으로 들어가는 것을 의미합니다. 우리를 향한 하느님의 구원과 도움이 내가 기대했던 것과 다른 방식으로 주어진다 하더라도 그것을 기꺼이 받아들여야 합니다. 우리는 흔히 주님께 생명과 건강, 애정과 행복을 청하곤 합니다. 그런 것을 청하는 것은 어찌 보면 당연합니다. 하지만 분명히 알아야 할 것이 있습니다. 하느님께서는 죽음에서도 생명을 끌어내실 수 있다는 것, 그리고 우리는 병고 중에도 평화를 누릴 수 있으며, 고독 중에도 평온할 수 있고, 비탄 중에도 복을 누릴 수 있다는 겁니다. 우리는 하느님께서 어떻게 하셔야 할지 결코 가르쳐선 안 됩니다. 이 점을 명심해야 합니다. 그분은 우리보다 훨씬 더 이것을 잘 알고 계십니다. 우리는 그분을 신뢰해야 합니다. 그분의 길과 생각은 우리가 바라는 길과 생각과는 다르기 때문입니다.

유딧이 우리에게 가르쳐 주는 길은 신뢰의 길이자 평화 중에 기다리는 길이며 기도와 순명의 길입니다. 한마디로 그것은 희망의 길입니다. 그러므로 쉽게 체념하지 말고 우리가 책임진 모든 일을 성

심껏 해야겠습니다. 동시에 언제나 주님의 뜻이라는 고랑 안에 머물러야 합니다. 익히 아시다시피, 유딧은 열렬히 기도했고 자기 백성에게 수없이 말했으며, 마침내 용기백배해서 돌아갔습니다. 그리고 적군을 지휘하는 사령관에게 다가갈 방법을 찾았고 결국 그의 목을 베었습니다. 유딧은 용감하게 믿었고, 믿은 대로 실행했습니다. 사실, 유딧에게는 계획이 있었습니다. 그는 그것을 성공리에 이루었고 자기 백성에게 승리를 안겨 주었습니다. 유딧은 언제나 주님을 찾았습니다. 그리고 언제나 모든 것을 선하신 하느님의 손에서 선사받는다는 마음으로 그분을 믿는 가운데 이 모든 일을 했습니다. 이렇게 해서 믿음과 용기를 지닌 한 여인이 죽음의 위험 속에 있는 자기 백성에게 다시금 생기를 불어넣고 희망의 길로 인도할 수 있었습니다. 바로 이 여인은 오늘 우리에게도 그 길을 가르쳐 주고 있습니다.

기억을 더듬어 보면, 우리 역시 무지한 사람들로 간주된 비천한 이들로부터 지혜롭고 용기 있는 말을 얼마나 많이 들었는지 모릅니다. 그 말은 하느님의 지혜가 담긴 말이었습니다! 우리 할머님들이 해 주셨던 현명한 조언과 희망의 말씀을 떠올려 봅시다. 어르신들은 인생에서 겪었던 고통을 감내하고 수용할 줄 아십니다. 또한 연륜에서 우러나온 삶에 대한 통찰이 있습니다. 그리하여 그분들은 하느님을 신뢰하신 분들입니다. 주님께서는 그분들을 통해 희망의 말씀을 전해 주십니다. 그러므로 희망의 길을 가는 가운데 다음과 같은 예수님의 말씀과 함께 주님께 의탁한다면, 부활의 기쁨과 빛이 우리를 비출 겁니다.

"아버지, 아버지께서 원하시면 이 잔을 저에게서 거두어 주십시오. 그러나 제 뜻이 아니라 아버지의 뜻이 이루어지게 하십시오."(루카 22,42)

― 제3장 ―

모든 것 안에서
희망하다

기다림의 여정

그리스도인의 희망 9.

"우리는 낮에 속한 사람이니, 맑은 정신으로 믿음과 사랑의 갑옷을 입고 구원의 희망을 투구로 씁시다."(1테살 5,8)

형제 여러분, 여러분은 어둠 속에 있지 않으므로, 그날이 여러분을 도둑처럼 덮치지는 않을 것입니다. 여러분은 모두 빛의 자녀이며 낮의 자녀입니다. 우리는 밤이나 어둠에 속한 사람이 아닙니다. 그러므로 이제 우리는 다른 사람들처럼 잠들지 말고, 맑은 정신으로 깨어 있도록 합시다. 잠자는 이들은 밤에 자고 술에 취하는 이들은 밤에 취합니다. 그러나 우리는 낮에 속한 사람이니, 맑은 정신으로 믿음과 사랑의 갑옷을 입고 구원의 희망을 투구로 씁시다. 하느님께서 우리가 진노의 심판을 받도록 정하신 것이 아니라, 우리 주 예수 그리스도를 통하여 구원을 차지하도록 정하셨습니다. 그리스도께서 우리가 살아 있든지 죽어 있든지 당신과 함께 살게 하시려고, 우리를 위하여 돌아가셨습니다. 그러므로 여러분이 이미 하고 있는 그대로, 서로 격려하고 저마다 남이 성장할 수 있도록 도와주십시오.(1테살 5,4-11)

우리는 이제까지 구약 성경의 여러 본문을 새롭게 읽으며 '희망'이란 주제를 살펴보았습니다. 그리고 이제는 이 덕이 신약 성경에서 갖는 특별한 중요성에 관하여 강조해 보고자 합니다. 이 덕은 예수 그리스도와 그분의 파스카 사건을 통해 제시된 새로움을 만남으로써 각별한 중요함을 얻습니다. 그것은 다름 아닌 그리스도인의 희망입니다. 모든 그리스도인들은 희망의 사람들입니다. 우리가 묵상하는 본문, 즉 바오로 사도가 테살로니카인들에게 보낸 첫 번째 편지의 1장에서부터 분명하게 드러나는 주제가 바로 이 그리스도인의 희망입니다. 우리는 방금 들은 구절을 통해 첫 번째 그리스도교적인 선포가 간직한 신선함과 아름다움을 감지할 수 있습니다. 당시 테살로니카 공동체는 설립된 지 얼마 되지 않은 공동체였습니다. 하지만 이 공동체는 많은 시련과 어려움에도 불구하고 믿음을 깊이 뿌리내린 공동체였으며 아주 기쁘게 주님의 부활을 기념했습니다. 이에 바오로 사도 역시 모든 사람들과 함께 진심으로 이를 기뻐했습니다. 왜냐하면 그 공동체 신자들은 그리스도와의 충만한 친교에 힘입어 그리스도의 부활 가운데 새로 태어남으로써 "빛의 자녀이며 낮의 자녀"(1테살 5,5)가 되었기 때문입니다.

바오로 사도가 이 글을 쓸 무렵의 테살로니카 공동체는 이제 막 설립된 상태여서, 그리스도의 부활을 경험한 지 몇 년 되지 않았습니다. 그래서 바오로 사도는 유일무이하고 결정적인 이 사건, 즉 주님의 부활이 역사를 비롯해 각 개인의 삶에 가져오는 모든 효과와 결과를 이해시키고자 했습니다. 테살로니카 공동체가 직면한 어려움은 예수님의 부활을 인정하는 데 있지 않았습니다. 사실, 신자들은 모두 그분의 부활을 믿었습니다. 그들이 어려워

했던 것은 죽은 이들의 부활에 있었습니다. 그렇습니다. 예수님은 부활하셨습니다. 하지만 그들이 지녔던 어려움은 죽은 이들이 부활하리라는 걸 믿는 데 있었습니다. 이런 의미에서 테살로니카 1서는 더할 나위 없이 실제적인 문제를 보여 줍니다. 내 자신의 죽음 또는 사랑하는 이들의 죽음을 직면할 때마다, 우리의 믿음은 시험에 들곤 합니다. 그 순간이 닥치게 되면 부활에 대한 의심과, 죽음을 두려워하게 되는 나약함이 일어나고, 스스로 이렇게 묻게 되곤 합니다. "진정 죽은 다음에 영원한 생명이 있을까? 과연 그곳에서 우리가 사랑했던 사람들을 다시 보고 안아 볼 수 있을까?" 며칠 전 알현에서 만났던 한 부인은 제게 이렇게 물었습니다. "제가 사랑했던 사람들을 죽은 뒤에도 다시 만날 수 있을까요?"

이 시점에서 우리 믿음의 뿌리와 바탕으로 돌아가야 합니다. 그럼으로써 하느님께서 예수 그리스도 안에서 우리에게 이루어 주신 것이 무엇이며 죽음이 무엇을 의미하는지 알게 될 것입니다. 우리 모두는 죽음이 지닌 불확실에 대해 어느 정도 두려움을 갖고 있습니다. 연로한 어느 노인이 했던 말이 기억납니다. "저는 죽음이 두렵지 않습니다. 다만 죽음이 제게 다가오는 걸 보는 게 조금은 두려울 뿐입니다." 그분은 바로 그걸 두려워했습니다.

바오로 사도는 공동체 신자들이 지닌 두려움과 당혹스러움을 보면서 특히 우리들의 삶에 있어 가장 어려운 순간과 시련의 때에 "구원에 대한 희망"이라는 투구를 머리에 잘 쓰도록 권했습니다. "구원에 대한 희망"은 투구입니다. 바로 그것이 그리스도인의 희망이 의미하는 바입니다. 우리는 희망에 대해 말할 때, 그 말이 보편적으로 수용되는 바에 따른 의미, 즉 우리가 바라마지 않지만, 실현될 수도 있고 그렇지 못할 수도 있는 것과 관련된다는 것을 알고 있습니다.

우리는 내가 바라는 일이 일어나기를 희망합니다. 그것은 우리의 바람입니다. 예컨대 이렇습니다. "내일 날씨가 좋기를 희망합니다!" 하지만 우리는 내일 날씨가 나쁠 수도 있음을 알고 있습니다. 하지만 그리스도인의 희망은 그렇지 않습니다. 그리스도인의 희망은 이미 이루어진 어떤 것에 대한 기다림을 말합니다. 바로 거기에 문이 있습니다. 저는 바로 그 문에 이르기를 희망합니다. 그러면 그러기 위해 무엇을 해야 할까요? 그 문을 향해 걷는 겁니다! 저는 제가 그 문에 이르게 되리라는 걸 확신합니다. 이게 바로 그리스도인의 희망입니다. 즉, 그리스도인의 희망은 어떤 것을 향해 걷고 있다는 확신을 갖는 데 있습니다. 앞에서도 말씀드렸듯, 이런 것이 그리스도인의 희망입니다. 그리스도인의 희망은 이미 이루어진 어떤 것, 우리 각자를 위해 분명히 실현될 그 무엇에 대한 기다림을 말합니다. 그러므로 우리의 부활과 우리가 사랑했던 돌아가신 분들의 부활은 장차 일어날 수도 있고 그렇지 않을 수도 있는 것이 아닙니다. 이는 분명히 일어날 사건입니다. 그것은 그리스도의 부활 사건에 뿌리를 두고 있기 때문입니다. 따라서 희망하는 것은 기다림 속에 사는 법을 배우는 것을 의미합니다. 그것은 기다림 속에 살고 생명을 발견하는 법을 배우는 것입니다. 아이를 가진 여인은 곧 세상에 빛을 보게 될 아기의 눈망울을 보고자 기다리며 그 기다림의 여정을 매일 걷게 될 것입니다. 이처럼 우리 또한 이렇게 기다리는 가운데 살고 배우는 법, 무엇보다 주님을 바라보고 만나기 위해 기다리며 사는 법을 배워야 합니다. 쉽지는 않습니다. 그러나 그것은 배워야 합니다. 희망한다는 것은 겸손한 마음, 가난한 마음을 의미하며 또 그런 마음을 간직하는 것입니다. 오직 가난한 사람만이 기다릴 줄 압니다. 자신이 가진 것으로 만족한 사람은 자신 이외에는 그 누구도 신뢰할 줄 모릅니다.

바오로 사도는 계속해서 이렇게 말합니다. "그리스도께서 우리가 살아 있든지 죽어 있든지 당신과 함께 살게 하시려고, 우리를 위하여 돌아가셨습니다."(1테살 5,10)

이 말씀은 언제나 커다란 위로와 평화를 가져다 줍니다. 그러므로 우리는 내 곁을 떠난 사랑하는 사람들을 위해 기도하도록 요청받습니다. 그것은 그들 또한 그리스도 안에서 살고 우리와 더불어 충만한 친교를 누리게 하기 위함입니다. 테살로니카 신자들에게 한 바오로 사도의 이야기는 저를 희망에 대한 확신으로 채워 주었습니다.

"우리는 늘 주님과 함께 있을 것입니다."(1테살 4,17) 모든 것은 다 지나가지만, 우리는 죽음 이후에 언제나 주님과 함께 있을 겁니다. 이 얼마나 멋진 일입니까!

구약 성경 속 인물인 욥은 다음과 같이 외치며 이런 희망에 대한 절대적인 확신에 대해 말한 적이 있습니다. "나는 알고 있다네, 나의 구원자께서 살아 계심을. 내가 기어이 뵙고자 하는 분, 내 눈은 다른 이가 아니라 바로 그분을 보리라."(욥 19,25.27) 이처럼 우리는 영원히 주님과 함께 있게 될 것입니다. 여러분은 이것을 믿습니까? 조금이나마 더 기운을 차리기 위해 저와 함께 다음과 같이 고백하도록 초대합니다. "이처럼 우리는 영원히 주님과 함께 있게 될 것입니다." 바로 거기서 우리는 주님과 함께 있게 될 겁니다.

함께 희망하다

그리스도인의 희망 10.

"여러분은 모두 빛의 자녀이며 낮의 자녀입니다.

우리는 밤이나 어둠에 속한 사람이 아닙니다."(1테살 5,5)

형제 여러분, 여러분에게 당부합니다. 여러분 가운데에서 애쓰며 주님 안에서 여러분을 이끌고 타이르는 이들을 존중하고, 그들이 하는 일을 생각하여 사랑으로 극진히 존경하십시오. 그리고 서로 평화롭게 지내십시오. 형제 여러분, 여러분에게 권고합니다. 무질서하게 지내는 이들을 타이르고 소심한 이들을 격려하고 약한 이들을 도와주며, 참을성을 가지고 모든 사람을 대하십시오. 아무도 다른 이에게 악을 악으로 갚지 않도록 주의하십시오. 서로에게 좋고 또 모든 사람에게 좋은 것을 늘 추구하십시오. 언제나 기뻐하십시오. 끊임없이 기도하십시오. 모든 일에 감사하십시오. 이것이 그리스도 예수님 안에서 살아가는 여러분에게 바라시는 하느님의 뜻입니다. 성령의 불을 끄지 마십시오. 예언을 업신여기지 마십시오. 모든 것을 분별하여, 좋은 것은 간직하고 악한 것은 무엇이든 멀리하십시오.(1테살 5,12-22)

우리는 바오로 사도가 테살로니카인들에게 보낸 첫 번째 편지에서 "우리는 늘 주님과 함께 있을 것입니다."(1테살 4,17)라는 멋진 말씀과 함께 부활에 대한 희망을 깊이 뿌리내리도록 권고했음을 살펴보았습니다(1테살 5,4-11 참조). 바오로 사도는 같은 맥락에서 그리스도인의 희망은 개인적인 원의일 뿐만 아니라 공동체적이고 교회적인 원의임을 이야기합니다. 우리 모두는 희망하며, 또한 공동체적인 차원에서 희망합니다. 그래서 바오로 사도의 눈길은 그리스도교 공동체를 구성하는 모든 요소로 즉시 확장됩니다. 바오로 사도는 테살로니카 신자들이 서로 기도하고 돕도록 부탁했습니다. 즉, 우리 또한 서로 돕도록 권고하고 있습니다. 그러나 단지 일상의 삶 속에서 만나게 되는 많은 필요 속에서 서로 돕는 것만을 이야기 하신 것은 아닙니다. 그뿐만 아니라 희망하는 가운데 서로 돕도록, 즉 희망 속에서 서로를 지탱해 주도록 권고하셨습니다. 바오로 사도가 사목적인 책임과 지도를 위임받은 사람들을 언급하는 가운데 자신의 권고를 시작한 것은 결코 우연이 아닙니다. 그들은 희망을 키워 내도록 부름받은 첫 번째 사람들입니다. 이것은 그들이 다른 사람들보다 더 훌륭하기 때문이 아니라 본인의 능력을 훨씬 넘어서는 거룩한 직무 때문입니다. 그러므로 그 어느 때보다도 모든 사람들의 진심어린 존경과 이해, 호의 가득한 지지를 필요로 합니다. 이어서 바오로 사도의 관심은 희망을 잃어버리고 절망 속에 떨어지는 큰 위험을 감수한 형제들로 옮겨 갑니다. 우리는 늘 절망 속에 떨어지고 불미스러운 일들을 일으키곤 하는 사람들의 소식을 접하곤 합니다. 절망은 그들을 아주 추한 일들로 나락에 떨어트리게 합니다. 이 사안은 누가 실의에 빠져 있는지, 누가 나약한지, 누가 삶의 무게와 자신의 죄로 인해 무너졌으며 더 이상 일어날 수 없다고 느끼는지 하는 점과 관련되어 있습니다. 이 경우, 교회 전체는 더욱 더 깊은 사랑과 따스함을 갖고 그들에게 다가서야 합니다. 그리고 연민이라는 탁월한 태도를 지녀야 합니다. 연민은 단순한 동정이 아닙니다. 연민은 다른 사람과 함께 견뎌 내고 아파하며 고통받는 사람에게 다가가는 것입니다. 진심에서 우러나오는 한마디 말이나 작은 사랑의 행위로 다가가는 것이 바로 연민입니다. 우리는 위로와 격려가 필요한 사람에게 연민을 가져야 합니다. 이것은 더할 나위 없이 중요합니다. 그리스도인의 희망은 진심어린 구체적인 사랑 이외에 다른 것을 할 수 없습니다. 바오로 사도는 로마인들에게 보낸 편지에서 다음과 같이 말했습니다. "믿음이 강한 우리는 믿음이 나약한 이들의 약점을 그대로 받아 주어야 하고, 자기 좋을 대로 해서는 안 됩니다."(로마 15,1)

우리는 다른 사람들의 약점을 있는 그대로 받아 주어야 합니다. 바오로 사도의 이 증언은 그리스도교 공동체의 울타리 안에서만 머물지 않습니다. 그것은 그 공동체 밖에서 사회적, 시민적인 상황에서 힘 있게 울려 퍼져야 합니다. 그것은 마치 사람들 사이에 벽이 아니라 다리를 만들고 악을 악으로 갚지 말며, 악을 선으로 이기고 모욕을 용서로 극복하라는 호소와 같습니다. 그리스도인은 결코 이런 말을 써서는 안 됩니다. "당신은 내게 그걸 되갚

아야 합니다!" 그것은 그리스도인으로서 해야 할 말이 아닙니다. 우리는 용서와 함께 모욕을 극복해야 합니다. 그럼으로써 모든 사람과 더불어 평화롭게 살아야 합니다. 이게 바로 교회입니다! 강하면서 동시에 부드러운 사랑으로 사람을 이해하고 문제를 해결할 때, 그리스도인의 희망은 큰일을 이루어 냅니다. 사랑은 강하면서 동시에 부드럽습니다. 그러므로 이제 우리는 홀로 희망해서는 안 된다는 점을 배우게 됩니다. 홀로 희망한다는 것은 불가능합니다. 희망이 성장하려면 '몸'이 필요합니다. 몸의 여러 지체들은 서로 지탱하고 생기를 불어넣어 줍니다. 그러므로 만일 우리가 희망한다면 그것은 수많은 우리 형제자매들이 우리에게 희망하는 법을 가르쳐 주었으며 살아 있는 희망을 견지하도록 지탱해 주었기 때문입니다. 그 형제자매들 중에는 작은 이들, 가난한 이들, 순박한 이들, 소외된 이들이 있습니다. 자신만의 행복 속에 갇혀 있는 사람은 올바로 희망할 줄 모릅니다. 자신만의 행복 가운데 희망하는 것, 그것은 희망이 아닙니다. 그것은 상대적인 안전일 뿐입니다. 자신만의 만족 속에 갇혀 있는 사람, 모든 것이 잘 돌아간다고 느끼는 사람 역시 희망할 줄 모릅니다.

희망은 매일 시련을 겪고 자신의 약함과 한계를 겪는 사람들의 것입니다. 이런 우리 형제들이 우리에게 더욱더 훌륭하고 강력한 증언을 전해 줍니다. 왜냐하면 피할 수 없는 죽음의 슬픔과 억압 너머에는 주님의 마지막 말씀이 있으며 그것은 자비와 생명, 평화의 말씀임을 알고 있기 때문입니다.

그래서 그들은 주님을 굳게 신뢰합니다. 희망하는 사람은 언젠가 이런 주님의 말씀을 듣기를 희망합니다. "오시오. 내게 오십시오, 형제. 오시오. 내게 오십시오, 자매. 영원히 나와 함께합시다."

사랑하는 친구 여러분. 제가 말씀드렸듯이, 희망이 머무는 자연적인 집은 튼튼한 '몸'입니다. 그리스도인의 희망에 있어서 이 몸은 교회입니다. 그리고 이 희망의 혼魂은 살아 있는 숨은 성령이십니다. 성령이 아니라면 우리는 결코 희망할 수 없습니다. 바오로 사도가 그의 이야기의 마지막에 계속해서 성령을 청하도록 우리를 초대한 이유가 바로 여기 있습니다. 믿는 것보다 희망하는 게 훨씬 더 어렵습니다. 그러나 성령께서 우리 마음속에 사신다면 두려워할 게 아무것도 없으며, 주님께서 우리 곁에 가까이 계시고 돌보신다는 점을 친히 알려 주십니다. 그리하여 성령께서 우리 가운데 영원히 내려오심으로써 우리 공동체를 인류 가족을 위한 살아 있는 희망의 표징으로 만들어 주실 것입니다.

우리에게 주어진 선물

그리스도인의 희망 11.

"희망은 우리를 부끄럽게 하지 않습니다. 우리가 받은 성령을 통하여 하느님의 사랑이 우리 마음에 부어졌기 때문입니다."(로마 5,5)

그러므로 믿음으로 의롭게 된 우리는 우리 주 예수 그리스도를 통하여 하느님과 더불어 평화를 누립니다. 믿음 덕분에, 우리는 그리스도를 통하여 우리가 서 있는 이 은총 속으로 들어올 수 있게 되었습니다. 그리고 하느님의 영광에 참여하리라는 희망을 자랑으로 여깁니다. 그뿐만 아니라 우리는 환난도 자랑으로 여깁니다. 우리가 알고 있듯이, 환난은 인내를 자아내고 인내는 수양을, 수양은 희망을 자아냅니다. 그리고 희망은 우리를 부끄럽게 하지 않습니다. 우리가 받은 성령을 통하여 하느님의 사랑이 우리 마음에 부어졌기 때문입니다.(로마 5,1-5)

우리는 어린 시절부터 자랑하는 게 좋지 않다고 배워 왔습니다. 제 고향에서는 자기 자신을 자랑하는 사람을 '공작'이라고 부릅니다. 자기 자신을 혹은 가진 것을 자랑하는 것은 일종의 교만 이상입니다. 당연합니다. 그것은 다른 사람들이 지닌 부족함, 특히 우리보다 불행한 이들을 향한 일종의 공격이기도 합니다. 그런데 놀랍게도 바오로 사도는 우리 자신을 자랑하도록 두 번이나 권고하였습니다.

만일 바오로 사도가 자신을 자랑하도록 권했다면, 자랑함에 있어 뭔가 합당한 게 있기 때문일 겁니다. 그렇다면 다른 사람들의 마음을 상하게 하지 않고 그 누구도 배제하지 않는 가운데 어떻게 자신을 자랑할 수 있을까요?

첫 번째의 경우, 우리는 내가 받은 수많은 은총에 대해 자랑하도록 초대받았습니다. 우리는 이 은총에 힘입어 믿음을 통해 예수 그리스도 안으로 스며들어 갑니다. 바오로 사도는 우리가 만일 모든 일을 성령의 빛과 함께 대할 수 있다면, 모든 것이 은총임을 알게 되리라는 점을 알려 주려 했습니다. 모든 것은 선물입니다!

삶의 역사를 가만히 들여다보며 관심을 기울인다면, 우리는 결코 혼자가 아님을 깨달을 수 있습니다. 무엇보다도 하느님께서 내 삶 안에서 행동하십니다. 그분이야말로 모든 행동의 절대적인 주인공이십니다. 그분은 만물을 사랑으로 창조하셨으며, 당신의 구원 계획이라는 씨실을 짜시고, 당신의 아들 예수님을 통해 우리를 위해 구원 계획을 완성으로 이끄십니다. 우리는 이를 알아야 합니다. 감사한 마음으로 이를 알아야 하며 이를 바탕으로 그분을 찬미하고 감사드리며 크게 기뻐해야 합니다. 이렇게 한다면, 우리는 하느님과 더불어 평화 가운데 있을 것이며 참된 자유를 경험하게 될 것입니다. 그리고 이 평화는 삶의 모든 영역과 관계로 확장될 겁니다. 그렇게 된다면 나 자신을 비롯한 가족과 여러 공동체 안에서 만나는 이들과 더불어 평화 안에 머무르게 될 것입니다.

바오로 사도는 환난 중에도 자랑하도록 권고하는데 사실 이 점은 알아듣기 조금 어렵습니다. 이 말씀은 우리에게 좀 더 어렵게 다가오며, 방금 말씀드린 평화의 조건과는 전혀 상관없는 것처럼 보입니다. 하지만 그것은 진정한 평화를 누리는 데 있어 더욱더 권위 있고 진정한 전제 조건을 구성합니다. 사실, 주님께서 우리에게 선사하시고 보장해 주시는 평화에 걱정이나 실망 또는 부족함, 고통의 원인이 없는 것은 아닙니다. 만일 그렇다면, 우리의 평화는 어느새 끝나고 즉시 절망의 늪에 빠지고 말 겁니다. 믿음에서 생겨나는 평화는 선물입니다. 그것은 하느님께서 우리를 사랑하시며 언제나 우리 곁에 계시고 삶의 한 순간도 우리를 홀로 버려두지 않으신다는 점을 경험하는 은총입니다. 바오로 사도가 말씀하듯, 희망은 인내를 낳습니다. 왜냐하면 우리는 가장 어렵고 혼란스러운 순간 속에서도 주님의 자비와 호의는 여타 모든 것보다 훨씬 크며, 그 무엇도 우리를 그분의 손에서 그리고 그분과 맺은 친교에서 떼어 낼 수 없다는 것을 잘 알고 있기 때문입니다.

그리스도인의 희망은 견고하며 결코 우리를 실망시키지 않습니다. 그것은 우리가 할 수 있는 일이나 우리 존재에 바탕을 두고 있지 않으며 믿을 수 있는 것에도 바탕을 두고 있지 않습니다. 그리스도인의 희망을 떠받치는 바탕은 우리가 생각하는 보편적인 희망보다 훨씬 더 강력하고도 확실합니다. 다시 말해, 희망의 바탕은 하느님께서 우리 각자를 위해 먹여 주시는 사랑에 있습니다. 하느님께서 나를 사랑하신다고 말하는 것은 쉽습니다. 그러나 조금만 더 생각해 보십시오. 우리 각자는 이렇게 말할 수 있습니다. "과연 나는 하느님께서 나를 사랑하신다고 확신하고 있는가?" 그 점을 '확신'하고 있다고 말하는 것은 쉽지 않습니다. 그러나 이런 질문을 스스로에게 던지는 것은 우리 자신에게도 좋은 영적 수련이 됩니다. "하느님께서 나를 사랑하고 계십니다." 이것이야말로 우리가 지닌 확신의 뿌리이자 우리 희망의 뿌리입니다. 주님께서 우리 마음속에 당신 사랑의 날인捺印이자 보증인 성령을 가득 부어 주셨습니다. 이는 하느님의 사랑을 의미합니다. 그럼으로써 우리 안에서 주님을 향한 믿음이 커가고 희망을 유지하도록 해 주십니다. 또한 "하느님께서 나를 사랑하신다."는 굳은 확신을 주십니다.

우리는 종종 이렇게 묻곤 합니다. "이렇게 힘든 순간에도 그분이 제 곁에 계시나요?" 혹은 "이렇게 추악하고 나쁜 짓을 한 저를 사랑하신다고요?"라고 말입니다. 그럴 때 이렇게 되뇌십시오. "하느님께서는 나를 사랑하신다." 그렇습니다. 하느님께서는 저희를 사랑하십니다! 그 무엇도 우리에게서 이 확신을 앗아 가지는 못합니다. 우리는 이를 기도처럼 되풀이할 수 있습니다. "하느님께서 나를 사랑하십니다." 저는 하느님께서 저를 사랑하신다고 확신합니다. 그분께서는 진정 저를 사랑하고 계십니다. 비로소 우리는 바오로 사도가 언제나 모든 것에 대해 자랑하도록 권고한 이유를 알 수 있습니다. 저는 하느님의 사랑을 자랑합니다. 왜냐하면 그분은 저를 사랑하고 계시기 때문입니다. 우리에게 선사된 희망은 우리를 다른 이들로부터 떼어 낼 수 없으며 그들을 불신하거나 소외시키지 못합니다. 오히려 이 희망은 특별한 선물입니다. 우리는 겸손하고 단순한 자세로 이 선물을 퍼 나르는 '수로水路'가 되도록 부름받았습니다. 그 누구도 편애하지 않고 그 누구도 제외하지 않으며 오히려 모든 사람들에게, 특히 가장 작은 사람들과 가장 멀리 있는 사람들로부터 시작해서 당신의 집을 열어 주시는 하느님을 아버지로 두는 것이야말로 우리의 가장 큰 자랑거리입니다. 그럼으로써 그분은 당신의 자녀들인 우리가 서로 위로하고 지탱해 주길 원하십니다. 잊지 마십시오. "희망은 결코 우리를 실망시키지 않습니다."

희망의 숨결

그리스도인의 희망 12.

"우리는 희망으로 구원을 받았습니다. 보이는 것을 희망하는 것은 희망이 아닙니다. 보이는 것을 누가 희망합니까? 우리는 보이지 않는 것을 희망하기에 인내심을 가지고 기다립니다."(로마 8,24-25)

사실 피조물은 하느님의 자녀들이 나타나기를 간절히 기다리고 있습니다. 피조물이 허무의 지배 아래 든 것은 자의가 아니라 그렇게 하신 분의 뜻이었습니다. 그러나 그것은 희망을 간직하고 있습니다. 피조물도 멸망의 종살이에서 해방되어, 하느님의 자녀들이 누리는 영광의 자유를 얻을 것입니다. 우리는 모든 피조물이 지금까지 다 함께 탄식하며 진통을 겪고 있음을 알고 있습니다. 그러나 피조물만이 아니라 성령을 첫 선물로 받은 우리 자신도 하느님의 자녀가 되기를, 우리의 몸이 속량되기를 기다리며 속으로 탄식하고 있습니다. 사실 우리는 희망으로 구원을 받았습니다. 보이는 것을 희망하는 것은 희망이 아닙니다. 보이는 것을 누가 희망합니까? 우리는 보이지 않는 것을 희망하기에 인내심을 가지고 기다립니다. 이와 같이, 성령께서도 나약한 우리를 도와주십니다. 우리는 올바른 방식으로 기도할 줄 모르지만, 성령께서 몸소 말로 다 할 수 없이 탄식하시며 우리를 대신하여 간구해 주십니다. 마음속까지 살펴보시는 분께서 이러한 성령의 생각이 무엇인지 아십니다. 성령께서 하느님의

뜻에 따라 성도들을 위하여 간구하시기 때문입니다.(로마 8,19-27)

우리는 종종 피조물이 우리의 소유라는 것, 즉 우리가 즐기기 위해 이용할 수 있는 소유물이며 그에 대해 전혀 신경 쓸 필요가 없다고 생각하는 유혹을 받곤 합니다. 그러나 바오로 사도는 방금 우리가 들은 '로마 신자들에게 보낸 서간' 중 한 구절에서(로마 8,19-27) 피조물이 하느님께서 우리 손에 맡겨 주신 놀랍기 그지없는 선물이라는 것을 상기시켜 주고 있습니다. 그럼으로써 우리가 이 선물로서 하느님과의 관계 안으로 들어가고 피조물 안에서 그분이 마련하신 사랑의 계획을 엿볼 수 있는 흔적을 우리가 알아볼 수 있게 해 줍니다. 우리 모두는 바로 이 사랑의 계획이 실현되기 위해 매일 그분께 협력하도록 부름받았습니다. 그러나 이기주의에 자신을 내맡겨 버리면, 인간은 자신에게 맡겨진 가장 아름다운 것들마저도 파괴하고 말 것입니다. 이는 피조물에게 있어서도 마찬가지입니다. '물'을 생각해 봅시다. 물은 아주 좋은 것이자 중요한 것입니다. 물은 우리에게 생명을 주고 모든 면에서 도움을 주지만, 우리는 광물을 이용하기 위해 물을 오염시키며 창조 세계를 더럽히고 파괴합니다. 이건 단지 일례에 불과합니다. 이런 예는 수없이 많습니다. 우리는 하느님과의 친교를 단절시킨 죄에 대한 비극적인 경험과 더불어 우리를 둘러싸고 있는 모든 것과의 근원적인 친교를 깨고 말았습니다. 그리고 창조 세계를 부패시키고 우리의 쇠락 아래 두는 가운데 노예로 만들어 버렸습니다. 안타깝게도 이 모든 것의 결과는 매일 곳곳에서 극적으로 펼쳐지고 있습니다. 하느님과의 친교가 깨질 때, 인간은 자신의 근원적인 아름다움을 잃어버리고 결국 자기 주변에 있는 모든 것을 추하게 만들어 버립니다. 창조주이신 아버지 하느님과 그분의 무한하신 사랑이 있던 곳은 인간의 교만과 탐욕 때문에 슬픔과 절망의 표징만 남았습니다. 인간의 교만은 피조물을 착취하는 가운데 파괴하고 맙니다. 하지만 주님께서는 우리를 홀로 버려두지 않으십니다. 그분은 이 절망적인 상황에서 해방과 보편적 구원이라는 새로운 전망을 우리에게 전해 주십니다. 그것이 바로 바오로 사도가 우리에게 모든 피조물의 신음 소리에 귀를 기울이도록 초대하며 강조하려 했던 것입니다. 관심을 갖고 살펴보면 우리 주위의 창조 세계 전체가 신음하고 있습니다. 우리 모두 역시 신음하고 있으며, 뿐만 아니라 성령께서도 우리 마음속에서 고통스러워하고 계십니다. 그런데 이 신음은 아무 열매도 맺지 못하는 슬픔에 잠긴 한탄이 아니라 생명을 낳는 신음입니다. 그것은 고통받는 사람의 신음이자, 동시에 새로운 생명이 세상에 막 태어날 것을 아는 사람의 신음이기도 합니다. 우리는 여전히 인간이 지은 죄의 결과에 맞서 싸우고 있습니다. 아직도 주위의 모든 것은 우리의 부족함과 폐쇄성의 표징을 간직하고 있습니다. 하지만 이와 동시에 주님께서 우리를 구원하셨음을 잘 알고 있으며, 우리와 그 주위를 둘러싼 모든 것 안에서 부활의 표징들을 관상하고 미리 맛보도록 초대받았음도 잘 알고 있습니다. 바로 이것이 우리가 희망하는 내용입니다.

　그리스도인은 세상 바깥에 살지 않습니다. 참된 그리스도인은 자신의 삶에서 그리고 자신을 둘러싼 모든 것 안에서 악과 이기주의, 죄의 표징들을 분별할 줄 압니다. 또한 그리스도인은 고통받는 이, 슬피 우는 이, 소외된 이, 절망한 이와 함께 연대할 줄 압니다. 그러나 이와 동시에 이 모든 것을 파스카의 눈으로, 부활하신 그리스도의 눈으로 읽을 줄 아는 사람입니다. 그러므로 그는 자신이 이 현재를 넘어 완성의 시간을 향해 기다림의 시간, 열망의 시간을 살고 있다는 것을 압니다. 우리는 희망하는 가운데 주님께서 당신의 자비로, 상처받고 모욕받은 사람들, 인간 스스로 불신 가운데 추하게 만든 모든 것을 결정적으로 치유해 주길 원하신다는 것을 잘 알고 있습니다. 그럼으로써 마침내 당신의 사랑 안에서 화해를 이룬 새로운 세상, 새로운 인류를 일으키길 원하시는 것입니다.

우리는 삶 안에서 절망과 비탄에 빠지도록 유혹을 받습니다. 때때로 비탄에 빠지거나, 무엇을 청해야 할지 혹은 무엇을 희망해야 할지 알지 못하기도 합니다. 그러나 희망의 숨결이신 성령께서 다시 한번 우리를 도와주러 오실 것입니다. 그분은 우리 마음의 탄식과 기다림을 생생하게 유지시켜 주십니다. 성령께서는 우리를 위해 현재의 부정적인 겉모습을 넘어서 보시며, 주님께서 인류를 위해 준비하신 새 하늘과 새 땅을 계시해 주실 것입니다.

희망으로의 탈출

그리스도인의 희망 13.

"진리를 실천하는 이는 빛으로 나아간다. 자기가 한 일이 하느님 안에서 이루어졌음을 드러내려는 것이다." (요한 3,21)

오늘은 여러분에게 사순 시기가 희망의 여정임을 소개할까 합니다. 교회는 주님 부활 대축일을 준비하기 위한 기간으로 사순 시기를 제정하였습니다. 40일간 이어지는 이 시기의 의미는, 40일간의 여정이 지향하는 파스카의 신비를 통해 드러날 것입니다. 부활하신 주님께서는 우리를 어두움에서 벗어나도록 부르십니다. 이에 우리는 빛이신 그분을 향한 여정에 들어서게 됩니다. 사순 시기는 부활하신 예수님을 향한 여정이며 고행의 시기이고 금욕의 시기이지만, 그것은 그 자체로 목적이 아니고 그리스도와 함께 다시 일어나기 위해, 세례 때 받은 우리의 정체성을 쇄신하기 위해, 다시 말해 "위에서부터", 하느님의 사랑으로부터 새롭게 탄생하도록 (요한 3,3 참조) 하는 것에 그 목적이 있습니다. 사순 시기가 본성상 희망의 시기인 것은 바로 이것 때문입니다. 이게 무엇을 의미하는지 좀 더 잘 이해하려면, 이집트에서 이스라엘 백성의 탈출이라는 원체험源體驗에 대해 살펴봐야 합니다. 우리는 이 체험을 성경의 '탈출기'를 통해 알 수 있습니다. 이 체험의 출발점은 이집트에서 그들이 노예로서 강제로 겪어야 했던 노동과 억압에 있습니다. 주님께서는 당신의 백성과 그들을 위해 당신이 하신 약속을 잊지 않으셨습니다. 그래서 모세를 부르시고 당신의 전능하신 팔로 이스라엘 사람들을 이집트에서 나오게 하셨으며 사막을 통해 그들을 자유의 땅으로 인도하셨습니다. 종살이에서 자유를 향한 이 여정 동안 주님께서는 이스라엘 사람들에게 율법을 주셨습니다. 이는 그들이 유일한 주님이신 당신을 사랑하도록 교육하고 그들이 서로를 형제로 받아들이고 사랑하게 하기 위함이었습니다.

'탈출기'는 이스라엘 백성의 탈출이 상징적으로 40년, 즉 한 세대에 걸쳐 이루어졌음을 보여 줌으로써 그 여정이 길고도 험난했음을 말합니다. 이 세대는 약속의 땅, 가나안의 땅을 향한 여정에서 시험에 직면했을 때마다 늘 이집트를 생각하며 그곳으로 돌아가려는 유혹에 빠지곤 했습니다. 그럼에도 하느님께서는 약속을 충실히 지키셨습니다. 마침내 모세가 인도한 이 불쌍한 백성은 약속의 땅에 이르렀습니다. 이 모든 여정은 희망 가운데 이루어졌습니다. 그것은 약속의 땅에 도달하리라는 희망을 말합니다. 이런 의미에서 그것은 '탈출', 즉 자유를 향한 종살이로부터의 탈출입니다. 우리 또한 되돌아가려는 이 유혹을 잘 알고 있습니다. 사순 시기를 이루는 40일 역시 우리 모두에게는 자유에 이르기 위해 종살이, 죄로부터 탈출하는 시간입니다. 매번의 발걸음, 모든 수고, 모든 시험, 모든 넘어짐과 다시 일어섬, 이 모든 것은 당신 백성을 위해 죽음이 아닌 생명을, 고통이 아닌 기쁨을 원하시는 하느님의 구원 계획에서 비로소 그 의미를 갖게 됩니다. 예수님의 파스카는 그분의 탈출입니다. 그분은 이 탈출을 통해 우리에게 충만하고 영원하며 복된 생명에 이르는 길을 열어 주셨습니다. 이 길, 이 통로를 열기 위해 예수님께서 당신의 영광을 벗어던지고 비천하게 되셔야 했으며 죽음에 이르기까지, 십자가의 죽음에 이르기까지 순명하셔야 했습니다. 우리에게 영원한 생명을 향한 길을 열어 주고자 그분은 당신의 성혈을 필요로 했습니다. 우리는 그런 예수님으로 말미암아 죄의 종살이로부터 구원되었습니다. 하지만 예수님께서 십자가 죽음으로서 우리를 구원해 주셨기에, 우리는 아무것도 하지 않은 채 천국에 거저 들어갈 수 있다고 생각해서도 안 됩니다. 물론 우리가 받은 구원은 그분께서 거저 주신 선물입니다. 그러나 그것은 사랑의 역사이므로, "예"라고 하는 우리의 응답, 그분의 사랑에 대한 우리의 참여를 필요로 합니다. 우리의 어머니이신 성모님과 그 이후 모든 성인들이 이 점을 잘 보여 줍니다.

우리는 이 사순 시기에 다음과 같은 역동적 힘을 바탕으로 살아갑니다. 즉, 그리스도는 당신의 탈출과 더불어 우리보다 먼저 앞서가시며, 우리는 그분에 힘입어 그분의 뒤를 따라 광야를 건너갑니다. 그분은 우리를 위해 유혹을 받고, 유혹자를 물리쳐 승리하셨습니다. 하지만 우리 또한 그분과 더불어 유혹을 대면하고 극복해야 합니다. 또한 우리에게 당신의 영靈이라는 생명수를 선물로 주셨습니다. 이제 우리는 여러 성사에 참여하고 기도하며 그분을 흠숭하는 가운데 주님의 샘에서 물을 길어 마셔야 합니다. 그분은 어두움을 거슬러 승리하신 빛입니다. 우리는 세례받은 날 우리에게 맡겨진 작은 불씨를 키워 나가도록 요청받았습니다.

이런 의미에서 사순 시기는 "우리 회심에 대한 성사적 표징"(《로마 미사경본》, 사순 제1주일 본기도)입니다. 사순 시기의 길을 만드는 사람은 언제나 회심의 여정 위에 있는 사람입니다. 이 시기는 종살이에서 자유를 향한 우리의 여정, 언제나 쇄신해야 할 이 여정을 드러내는 성사적 표징입니다. 물론 이 길에는 당연히 책임이 뒤따릅니다. 왜냐하면 사랑에는 책임이 뒤따르기 때문입니다. 하지만 그 길은 희망으로 가득 찬 길입니다. 아니, 오히려 이렇게 말할 수 있겠습니다. 즉, 사순 시기의 탈출은 희망 그 자체가 만드는 길입니다. 광야를 건너기 위해 들여야 하는 모든 수고는 동정 성모님이 보여 주시는 희망의 모델 위에 강하고 견고한 희망을 만드는 데 필요합니다. 성모님은 당신 아드님이 수난하고 돌아가신 어두움의 한 가운데에서 계속 그분의 부활을, 하느님 사랑의 승리를 믿고 희망하셨습니다. 이제 오늘 우리는 이러한 지평에 마음을 열고 사순 시기로 들어가야겠습니다. 우리가 하느님의 거룩한 백성의 일부라는 사실을 느끼며 기쁘게 이 희망의 여정을 시작하기로 합시다.

기쁨 가운데 머무르다

그리스도인의 희망 14.

"희망 속에 기뻐하고 환난 중에 인내하며 기도에 전념하십시오. 기뻐하는 이들과 함께 기뻐하고 우는 이들과 함께 우십시오. 서로 뜻을 같이하십시오. 오만한 생각을 버리고 비천한 이들과 어울리십시오. 스스로 슬기롭다고 여기지 마십시오."(로마 12,12.15-16)

사랑은 거짓이 없어야 합니다. 여러분은 악을 혐오하고 선을 꼭 붙드십시오. 형제애로 서로 깊이 아끼고, 서로 존경하는 일에 먼저 나서십시오. 열성이 줄지 않게 하고 마음이 성령으로 타오르게 하며 주님을 섬기십시오. 희망 속에 기뻐하고 환난 중에 인내하며 기도에 전념하십시오. 궁핍한 성도들과 함께 나누고 손님 접대에 힘쓰십시오.(로마 12,9-13)

우리는 주 예수님께서 우리에게 남겨 주신 가장 큰 계명이 사랑이라는 것을 잘 알고 있습니다. 마음을 다하고 목숨을 다하고 정신을 다해 하느님을 사랑하고 우리 자신처럼 이웃을 사랑하는 것이 바로 그것입니다(마태 22,37-39 참조). 다시 말해 우리는 사랑으로, 애덕으로 부름받았습니다. 이것이야말로 우리가 이루어야 할 가장 고귀한 최고의 소명입니다. 그리고 바로 이 소명에 그리스도인의 희망이 간직한 기쁨이 연결되어 있습니다. 사랑하는 사람은 희망의 기쁨, 위대한 사랑이신 주님을 만나는 기쁨을 갖게 됩니다. 바오로 사도는 이 점을 우리에게 알려 주셨습니다. 그런데 우리의 애덕, 우리의 사랑에는 위선적일 수 있는 위험이 늘 도사리고 있습니다. 우리는 언제나 스스로에게 물어보아야 합니다.

우리는 언제 위선적으로 행동할까? 어떻게 우리의 사랑이 진실하고 애덕이 참되다는 것을 확신할 수 있을까? 애덕을 그저 '실천하는 척'만 하는 것이 아니라 어떻게 해야 진심으로 행할 수 있을까? 우리의 사랑이 진실하고 강인할 수 있으려면 어떻게 해야 할까? 위선은 어디서든 교묘하게 들어올 수 있으며, 사랑하는 방식에도 들어올 수 있습니다. 이는 우리의 사랑이 개인적인 이익에 따라 이루어진 사심私心에 찬 사랑일 때 그렇습니다. 얼마나 많은 사랑이 이렇게 사심에 따라 이루어지는지 모릅니다. 혼신을 다했다고 여기는 봉사가 실은 나 자신을 과시하거나 욕심을 채우기 위해 한 경우가 많습니다. 그런 이들은 "내가 얼마나 잘났는데!"라고 말하곤 합니다. 이건 위선입니다. 또는 우리가 똑똑하거나 능력이 있다고 과시하기 위해 가시적으로 드러내 놓고 한 일들을 살펴보십시오. 이 모든 것의 이면에는 잘못된 생각, 기만이 자리하고 있습니다.

다시 말해, 우리는 내가 다른 이들을 사랑할 수 있는 건 나 자신이 선하기 때문이라고 착각하곤 합니다. 그래서 마치 애덕을 인간의 창조물로, 우리 마음이 만들어 낸 산물로 여기고 맙니다. 그러나 애덕은 무엇보다도 은총이자 선물입니다. 사랑할 수 있다는 것은 하느님의 선물입니다. 그러기 위해서 우리는 하느님께 사랑할 수 있는 은총을 청해야 합니다. 그것을 청하면, 하느님께서 기꺼이 이 선물을 허락해 주십니다. 그러므로 애덕은 은총입니다. 애덕은 우리 자신을 드러내 보이는 데 있는 게 아니라 우리에게 선사하시는 것과 그것을 자유롭게 받아들이는 것을 투명하게 드러내는 데 있습니다. 다른 이들과의 만남 이전에 이 점을 명심하십시오. 예수님의 온유하고 자비로운 얼굴을 대면하여 생겨난 사랑이 아니라면 다른 이들에게 사심에 찬 사랑을 표현해서는 안 됩니다.

바오로 사도는 우리가 죄인이며 우리가 사랑하는 방식이 죄로 물들어 있다는 사실을 대면하도록 초대합니다. 하지만 이와 동시에 우리로 하여금 새로운 선포, 새로운 희망의 선포자가 되도록 초대합니다. 주님께서는 우리 앞에 해방의 길, 구원의 길을 열어 주십니다. 그 길은 우리가 사랑이라는 위대한 계명으로 살아갈 수 있고 하느님 사랑의 도구가 될 수 있는 가능성을 우리에게 전해 줍니다. 이것은 부활하신 그리스도께서 우리의 마음을 치유하고 쇄신해 주시도록 우리 자신을 그분께 내어 맡길 때 일어납니다. 부활하신 주님께서 우리 가운데 함께 사시며 우리의 마음을 치유하실 수 있습니다. 청하기만 한다면, 그분은 그렇게 우리를 치유해 주십니다. 비록 우리가 작고 가난하다 해도, 그분은 우리가 하느님 아버지의 연민을 체험하고 그분 사랑의 기적을 기억할 수 있게 해 주십니다. 그제야 비로소 형제들을 위해 살고 행하는 우리의 모든 것이 인간을 위해 많은 것을 베풀어 주셨고 지금도 계속해서 베풀어 주시는 하느님께 드리는 응답 이외에 다른 게 아님을 알게 됩니다. 하느님께서는 친히 우리 마음과 삶 속에 당신의 거처를 마련하십니다. 또한 삶의 여정에서 매일 만나는 모든 이들, 특히 당신이 보시기에 가장 작은 이들과 궁핍한 이들에게 가까이 다가가 그들을 위해 봉사하십시오. 바오로 사도의 이 말은 우리를 야단치려는 것이 아니라 무엇보다도 우리에게 용기와 희망을 불어넣으려 하는 것입니다. 사실, 우리 모두는 사랑의 계명을 충만히 살아가는 경험을 하지 못했습니다. 하지만 이것 역시 은총입니다. 왜냐하면 그것은 우리 자신만으로는 참으로 사랑할 수 없다는 사실을 깨닫게 해 주기 때문입니다. 이는 주님께서 당신의 무한한 자비심으로 우리 마음속에서 끊임없이 이 선물을 새롭게 해 주셔야 가능합니다. 이제 우리는 작은 것, 단순한 것, 일상적인 것을 소중히 여길 줄 알아야 하겠습니다. 우리는 매일의 일상에서 만나는 이 모든 작은 것들을 소중히 여겨야 합니다. 그러면 하느님께서 사랑하시듯이 우리도 그렇게 다른 사람들을 사랑할 수 있을 것입니다. 또한 그들이 하느님의 거룩한 벗이 되도록 다른 이들의 유익을 원하게 될 것입니다. 우리가 예수님으로부터 멀리 떨어져 있을지라도 그분께서는 친히 연민과 용서로 우리 각자를 대해 주셨습니다. 그리하여 착한 사마리아 사람인 예수님처럼 형제들의 발치에서 고개 숙이며, 가난하고 비천한 사람들에게 가까이 다가가는 가운데 기뻐하게 될 겁니다.

친애하는 형제자매 여러분, 바오로 사도가 우리에게 상기시켜 준 바로 이 메시지는 존재하기 위한 비결이며, "희망 속에 기뻐하기 위한"(로마 12,12) 비결이기도 합니다. 그러므로 희망하는 가운데 기뻐하십시오. 가장 힘든 역경을 포함해서 모든 상황,

심지어 실패의 순간에도 하느님의 사랑은 결코 사라지지 않는다는 것을 우리는 잘 압니다. 그러므로 희망하며 기뻐해야 합니다. 그럴 때 우리는 은총으로서 우리 마음에 방문하시고 머무르시는 주님과 함께 기쁨 가득한 희망 안에서 살아갈 것입니다. 그리고 그 안에서 아무리 작은 것이라도 주님께서 우리에게 매일같이 선사해 주시는 것을 다른 이들과 나누며 살아갈 것입니다.

- 본문 글 출처 -

1. 새롭게 미소 짓다
- 일반 알현, 바오로 6세 대강당, 2016년 12월 7일 수요일

2. 우리가 희망하는 이유
- 일반 알현, 바오로 6세 대강당, 2016년 12월 14일 수요일

3. 새싹이 움트다
- 일반 알현, 바오로 6세 대강당, 2016년 12월 21일 수요일

4. 믿음의 아버지
- 일반 알현, 바오로 6세 대강당, 2016년 12월 28일 수요일

5. 슬픔이 지닌 어두움과 마주하다
- 일반 알현, 바오로 6세 대강당, 2017년 1월 4일 수요일

6. 우상에 대한 믿음
- 일반 알현, 바오로 6세 대강당, 2017년 1월 11일 수요일

7. 두려움의 저편을 넘어
- 일반 알현, 바오로 6세 대강당, 2017년 1월 18일 수요일

8. 희망의 언어

- 일반 알현, 바오로 6세 대강당, 2017년 1월 25일 수요일

9. 기다림의 여정

- 일반 알현, 바오로 6세 대강당, 2017년 2월 1일 수요일

10. 함께 희망하다

- 일반 알현, 바오로 6세 대강당, 2017년 2월 8일 수요일

11. 우리에게 주어진 선물

- 일반 알현, 바오로 6세 대강당, 2017년 2월 15일 수요일

12. 희망의 숨결

- 일반 알현, 성 베드로 광장, 2017년 2월 22일 수요일

13. 희망으로의 탈출

- 일반 알현, 성 베드로 광장, 2017년 2월 22일 수요일

14. 기쁨 가운데 머무르다

- 일반 알현, 성 베드로 광장, 2017년 3월 15일 수요일

여러분은 우리가 희망하는 이유입니다.

― 본문 중에서